Domenic Lauerbach

Die Jahresabschlussanalyse als Grundlage für Anlageentscheidungen

Die finanzwirtschaftliche, erfolgswirtschaftliche sowie strategische Jahresabschlussanalyse

Bibliografische Information der Deutschen Nationalbibliothek:

Die Deutsche Nationalbibliothek verzeichnet diese Publikation in der Deutschen Nationalbibliografie; detaillierte bibliografische Daten sind im Internet über http://dnb.d-nb.de abrufbar.

Impressum:

Copyright © Studylab 2019

Ein Imprint der GRIN Publishing GmbH, München

Druck und Bindung: Books on Demand GmbH, Norderstedt, Germany

Coverbild: GRIN Publishing GmbH | Freepik.com | Flaticon.com | ei8htz

Inhaltsverzeichnis

Inhaltsverzeichnis III

Abkürzungsverzeichnis V

Abbildungsverzeichnis VII

Tabellenverzeichnis VIII

Einleitung: Wesen der Jahresabschlussanalyse – Aufgaben und Ansätze 1

1 Die Jahresabschlussanalyse als Kennzahlenrechnung 4

    1.1 Kennzahlen 4

    1.2 Kennzahlensysteme 6

    1.3 Auswertungsmethoden 8

    1.4 Verdichtung von Kennzahlensystemen – Diskriminanzanalyse 10

    1.5 Grenzen der Kennzahlenrechnung 11

2 Finanzwirtschaftliche Jahresabschlussanalyse 13

    2.1 Investitionsanalyse: Vermögensstruktur 13

    2.2 Finanzierungsanalyse: Kapitalstrukturanalyse 18

    2.3 Liquiditätsanalyse 24

3 Erfolgswirtschaftliche Jahresabschlussanalyse 38

    3.1 Ergebnisanalyse 39

    3.2 Rentabilitätsanalyse 43

    3.3 Wertschöpfungsanalyse 52

    3.4 Break-Even-Analyse und deren Auswirkung auf Anlageentscheidungen 57

4 Strategische Jahresabschlussanalyse **60**

4.1 Lebenszyklusanalyse.. 60

4.2 Marktwachstum-Marktanteils-Portfolioanalyse (BCG-Matrix)........................... 62

4.3 SWOT-Analyse 64

4.4 Auswirkung der strategischen Jahresabschlussanalyse auf Anlageentscheidungen.. 65

5 Relevanz der Jahresabschlussanalyse als Ganzes **67**

Literaturverzeichnis **69**

Abkürzungsverzeichnis

AV	Anlagevermögen
DIO	Days Inventory Outstanding
DPO	Days Payables Outstanding
DSO	Days Sales Outstanding
EAT	Earnings After Taxes
EBIT	Earnings Before Interest and Taxes
EBT	Earnings Before Taxes
EK	Eigenkapital
EKR	Eigenkapitalrentabilität
FKZ	Fremdkapitalzins
GK	Gesamtkapital
GKR	Gesamtkapitalrentabilität
GV	Gesamtvermögen
GuV	Gewinn- und Verlustrechnung
HGB	Handelsgesetzbuch
IC	Intercompany
IFRS	International Financial Reporting Standards
JAA	Jahresabschlussanalyse
JA	Jahresabschluss
KGV	Kurs-Gewinn-Verhältnis
KU	Kapitalumschlag
OCI	Other Comprehensive Income
PEG	Price Earnings growth factor
PER	Price Earnings Ratio
RHB	Roh-, Hilfs- und Betriebsstoffe
ROCE	Return on Capital Employed
ROI	Return on Investment

Abkürzungsverzeichnis

RONA	Return on Net Assets
ROS	Return on Sales
TRS	Total Return to Shareholders
UR	Umsatzrentabilität
USP	Unique Selling Proposition
UV	Umlaufvermögen

Abbildungsverzeichnis

Abbildung 1: Beispiel eines Kennzahlensystems: Du Pont-Kennzahlensystem 7

Abbildung 2: Finanzwirtschaftliche Bilanzanalyse 13

Abbildung 3: Gliederungsschema der Kapitalflussrechnung der indirekten Methode nach DRS 21 36

Abbildung 4: Erfolgswirtschaftlice Jahresabschlussanalyse 39

Abbildung 5: Bereinigter Jahresüberschuss mithilfe der Bewertungswahlrechte des Anhangs 40

Abbildung 6: Kennzahlensystem zur Aktienrentabilität 47

Abbildung 7: Lebenszyklusanalyse 61

Abbildung 8: BCG-Matrix 63

Abbildung 9: SWOT-Analyse 65

Tabellenverzeichnis

Tabelle 1: Leverage-Effekt... 21

Einleitung: Wesen der Jahresabschlussanalyse – Aufgaben und Ansätze

Um „ein den tatsächlichen Verhältnissen entsprechendes Bild der Vermögens-, Finanz- und Ertragslage einer Kapitalgesellschaft zu vermitteln"[1], wird ein Jahresabschluss herangezogen (§242 HGB). Dieser setzt sich aus einer Bilanz, einer Gewinn- und Verlustrechnung (GuV) sowie einem Anhang zusammen. Bei mittelgroßen und großen kapitalmarktorientieren Unternehmen muss neben dem Jahresabschluss noch ein Lagebericht, eine Kapitalflussrechnung sowie ein Eigenkapitalspiegel erstellt werden. Die Jahresabschlussanalyse bildet ein Verfahren zur Informationsgewinnung und -auswertung. Die Zweckmäßigkeit besteht darin, eine verdichtete Informationsvermittlung zu erhalten, indem Daten aufbereitet und präsentiert werden. Da sich verschiedene Adressaten für spezifische Informationen der Jahresabschlussanalyse interessieren, lässt sich die Analyse als „ein adressaten- und zweckspezifisches Auswertungssystem"[2] beschreiben. Hierbei lassen sich zwei Arten von Adressaten unterscheiden, die sich in interne und externe Adressaten gliedern. Externe Empfänger sind beispielsweise aktuelle und potenzielle Anteilseigner, Wettbewerber, Kontrollinstanzen und Gewerkschaften. Auf der Gegenseite stehen die internen Adressaten, die sich aus der obersten Führungsebene, sonstigen Führungen und der Führungsebene der Spitzenholding zusammensetzen.[3]

Der vollziehende Analytiker bezieht bei der Jahresabschlussanalyse eine unternehmensexterne Stellung und prüft somit den Jahresabschluss eines fremden Dritten. Dem gegenüber steht die Betriebs- bzw. Unternehmensanalyse, bei der v. a. interne Daten berücksichtigt und analysiert werden. Das Hauptaugenmerk der Betriebsanalyse wird auf die retro- und prospektive Erreichung der ökonomischen Ziele eines Unternehmens gelegt, d. h. inwieweit der Betrieb in der Lage war bzw. in der Lage sein wird, das gesteckte Ziel zu erreichen. Hierbei wird grundlegend zwischen drei essenziellen Unternehmenszielen unterschieden. Das Primärziel wird durch die Liquidität gebildet, da eine Unternehmensfortführung trotz guter Leistungseigenschaften, z. B. in Marketing, Vertrieb oder Personal oder einer USP (Alleinstellungsmerkmal), bei ausbleibender Zahlungsbereitschaft nicht möglich ist. Ein weiteres wichtiges Unternehmensziel, der Liquidität vorgesteuert, ist der

---

[1] §264 Abs. 2 HGB, unter: https://www.gesetze-im-internet.de/hgb/__264.html
[2] Siehe Pellens, B. 1989, S. 155
[3] Vgl. Küting/Weber, 2009, S. 7

Erfolg eines Betriebs, auch wenn dieser die primären Aufgaben der Geldsteuerung nicht lösen kann. Der Erfolg umfasst damit die güter- und leistungswirtschaftliche Steuerung eines Unternehmens. Dem Erfolg vorgelagert ist das Erfolgspotenzial, welches die letzte wichtige ökonomische Größe bei der Jahresabschlussanalyse darstellt. Dieses dient dem strategischen Management als Überblick über mögliche nachgelagerte Ziele, um präventiv Maßnahmen gegen unerwünschte Entwicklungen einleiten zu können. Anhand der Chancen und Risiken im unternehmerischen Umfeld sowie dessen Stärken und Schwächen ist es unausweichlich, das Erfolgspotenzial aufzubauen, sodass in den darauffolgenden Perioden Erfolge generiert werden können. Aus diesem Grund wird das Erfolgspotenzial oft als „ein Bündel nachhaltig wirksamer Wettbewerbsvorteile"[4] umschrieben, da es gewissermaßen das Alleinstellungsmerkmal eines Unternehmens widerspiegelt.

Neben dem Vorsteuerungsverhältnis des Erfolgspotenzials zum Erfolg hin zur Liquidität eines Unternehmens bestehen auch regressive Verbindungen. Somit können ohne die Gewährleistung der Liquidität keine zukünftigen Erfolge realisiert und kein Erfolgspotenzial aufgebaut werden. Ohne dieses sind des Weiteren gegenwärtige Erfolge gefährdet, wenn die Bildung des Erfolgspotenzials ausbleibt.

Die Jahresabschlussanalyse umfasst demzufolge drei Analyseteile, welche sich in finanzwirtschaftliche, erfolgswirtschaftliche und strategische aufteilen lassen. Während sich die finanzwirtschaftliche und erfolgswirtschaftliche Analyse mit den quantifizierbaren Größen befassen, liegt der Schwerpunkt der strategischen Analyse eher auf den qualitativen Instrumenten des Erfolgspotenzials. Qualitative Informationen sind in den verbalen Erläuterungen des Anhangs und des Lageberichts sowie in den numerischen Daten, wie Nutzungsdauern von Anlagegütern, enthalten.

Ein entscheidender Punkt bei der Analyse des Jahresabschlusses ist der Grundsatz der Wesentlichkeit, um eine große Zahlenflut bzw. Informationsüberlastung zu vermeiden. Mit dem Begriff „wesentlich" soll ausgedrückt werden, dass ein „beträchtlicher Grad einer Merkmalsausprägung"[5] vorliegt, d. h. Einzelkomponenten, die für die Untersuchungsergebnisse unerheblich sind, können vernachlässigt werden.[6]

---

[4] Coenenberg/Haller/Schultze, 2016, S. 1023
[5] Siehe Leffson, U., 1986, S. 435
[6] Vgl. Küting/Weber, 2009, S. 3

In der folgenden Ausführung wird die Jahresabschlussanalyse als Kennzahlenrechnung erörtert. Des Weiteren werden die drei Teile der Jahresabschlussanalyse, die finanzwirtschaftliche, erfolgswirtschaftliche und strategische Analyse anhand ihrer wichtigsten Kennzahlen und Daten erläutert. Dabei fällt das Hauptaugenmerk vor allem auf die Informationen, welche sich auf Anlageentscheidungen in Kapitalgesellschaften auswirken. Außerdem gibt die Arbeit Auskunft, inwieweit die drei Analysen für eine mögliche Kapitalanlage relevant sind. Abschließend wird der Effekt eines Jahresabschlusses als Ganzes, speziell die Aussagekraft für den Unternehmensfortbestand, subsumiert.

1 Die Jahresabschlussanalyse als Kennzahlenrechnung

Aufgrund der Einfachheit der Berechnung und der hohen Aussagekraft der Kennzahlenrechnung hat sich diese in den letzten Jahrzehnten als einer der wichtigsten Faktoren für die Jahresabschlussanalyse instrumentalisiert. Grundlegend wird aus einzelnen Kennzahlen und Kennzahlensystemen systematisch eine geordnete Gesamtheit von Kennzahlen generiert. Die Möglichkeit des daraus resultierenden Kennzahlenvergleichs wird für eine verbesserte Urteilsfindung und -bildung genutzt.[7]

1.1 Kennzahlen

Im weitesten Sinne sind Kennzahlen als rechentechnisches Mittel zu verstehen, um bei der Lösung von diversen Entscheidungsproblemen zu unterstützen. Hiermit können die Strukturen und wirtschaftlichen Prozesse in einem Unternehmen ex post (im Nachhinein) bzw. ex ante (im Voraus) analysiert werden. Primäres Ziel der Kennzahlenbildung ist eine vereinfachte Abbildung relativ komplexer Sachverhalte und Prozesse, um einen umfangreichen Überblick zu gewährleisten. Die Führungsinstanzen eines Unternehmens bilden häufig Kennzahlen zur Erfüllung ihrer Kontroll- und Steuerungsfunktion. Der Aufbau der Kennzahl ist stets adressatenbezogen und hängt von dessen Informationsbedarf ab. Spezieller sind Kennzahlen als hochverdichtete Maßgrößen zu betrachten, die als absolute Zahlen sowie als Verhältniszahlen eines quantitativ erfassbaren Sachverhalts auftreten können.

1.1.1 Absolute Zahlen

Durch die Bildung absoluter Zahlen kann bestimmt werden, aus wie vielen Elementen eine genaue Menge besteht. Im Vergleich mit anderen absoluten Zahlen kann ein Erkenntnisgewinn erzeugt werden. Diese können sich noch in Summen, Differenzen, Mittelwerte sowie Einzelzahlen untergliedern. Als Beispiele für absolute Zahlen mit einem hohen Erkenntniswert lassen sich der Cashflow und die Bilanzsumme beziffern.[8]

---

[7] Vgl. Küting/Weber, 2009, S. 53
[8] Vgl. Kennzahlenarten, unter: http://www.wirtschaftslexikon24.com/d/kennzahlenarten/kennzahlenarten.htm

1.1.2 Relative Zahlen

Eine relative Zahl bzw. Verhältniszahl entsteht durch die Bildung eines Quotienten zweier absoluter Zahlen, die eine Verbindung zueinander aufweisen. Möchte man eine relative Zahl generieren, spielt das Entsprechungsprinzip eine essenzielle Rolle, welches besagt, dass die ins Verhältnis gestellten Zahlen einen logischen inneren Zusammenhang bedingen. Ein erheblicher Vorteil der relativen Zahlen gegenüber der absoluten Zahlen ist somit, dass die Bedeutung von Einzelkomponenten zu anderen Sachverhalten analysiert werden kann, d. h. die Aussagekraft einer absoluten Zahl gewinnt an Wert. Des Weiteren besteht ein Vorteil in der uneingeschränkten Bildung von Verhältniszahlen darin, dass diese auch dann geschaffen werden können, wenn die Veröffentlichung der Ursprungsdaten in ihrer absoluten Höhe nicht vorgesehen ist.

Relative Zahlen sind nochmals in Gliederungs-, Beziehungs- und Indexzahlen zu unterteilen. Bei der Gliederungszahl enthält der Zähler eine Größe, die ein Bestandteil der Gesamtgröße im Nenner ist, wodurch eine Teilmenge von der Gesamtmenge analysiert wird. Die Eigenkapitalquote ist ein gutes Beispiel für eine Gliederungszahl.

$$Eigenkapitalquote = \frac{EK}{GK} * 100^9$$

Um falsche Schlussfolgerungen aus einer relativen Zahl bei der Jahresabschlussanalyse zu vermeiden, ist eine möglichst ganzheitliche Betrachtung unter Einbezug der absoluten Zahlen von Vorteil.

Bei einer Beziehungszahl wird hingegen ein Bezug von verschiedenen Grundgesamtheiten hergestellt, d. h. der Zähler ist keine Teilmenge des Nenners, zwischen denen eine sachlogische Verbindung besteht. Eine Ursache-Wirkungs-Beziehung lässt sich beispielsweise zwischen dem Gewinn und dem Gesamtkapital eines Unternehmens generieren.

Mit Indexzahlen, auch Messzahlen genannt, lassen sich Daten, die eine zeitliche Veränderung durchlaufen, übersichtlicher aufbereiten und darstellen. Hierbei wird der Anfangs-, Mittel- oder Endwert als Basiswert gleich Null gesetzt, während die restlichen Werte im Verhältnis dazu umgerechnet werden. Dabei ist vor allem der Basiseffekt zu beachten, da Posten, die in ihrer absoluten Höhe relativ gering sind,

---

9   Vgl. Eigenkapitalquote, unter: https://welt-der-bwl.de/Eigenkapitalquote

starke Schwankungen bei einer kleinen Basis hervorrufen können. Um diese massiven Differenzen zwischen den Indexwerten auszuschließen, ist als Basis ein elementarer Wert zu wählen.[10]

1.2 Kennzahlensysteme

Häufig sind einzelne Kennzahlen nicht ausreichend, um komplexe Sachverhalte im Unternehmen analysieren zu können. Durch Bildung eines Kennzahlensystems kann die Qualität der Gesamtaussage von Einzelkennzahlen gesteigert werden. „Ein Kennzahlensystem ist eine geordnete Gesamtheit von Kennzahlen, die in einer Beziehung zueinander stehen und so als Gesamtheit über einen Sachverhalt vollständig informieren."[11] Die gebildeten Systeme dienen der Planung, Kontrolle und Steuerung der Unternehmensführung. Beschränkt man sich lediglich auf einzelne Kennzahlen, läuft man Gefahr, durch die geballte Informationsvermittlung essenzielle Einzelheiten zur Beschreibung eines Sachverhalts zu verlieren. Es besteht durch rechentechnische Aufgliederung, Substitution und Erweiterung von Einzelkennzahlen die Möglichkeit, dem Risiko entgegen zu wirken.

Wird eine Kennzahl aufgegliedert, kann der Zähler bzw. Nenner eines Quotienten in Teilgrößen zerlegt werden. Ein Beispiel dafür schafft der Umsatzerlös, welcher sich in Export- und Inlandsumsatz aufteilen lässt.

Kommt es zu einer Substitution wird der Zähler bzw. Nenner durch anderweitige Werte beschrieben, wie z. B. bei der Kennzahl Umsatz, die sich aus dem Produkt von Absatzmenge und Preis zusammensetzt.

Der Ausgangswert wird bei einer Erweiterung hingegen im Zähler bzw. Nenner um die gleiche Größe ergänzt.

Durch die Verknüpfung von Aufgliederung, Substitution und Erweiterung erhält man ein Rechensystem, welches auf der Basis von Zerlegungen mehrerer Kennzahlen gebildet wird und einen pyramidalen Aufbau besitzt. An der Spitze der Rechenpyramide befindet sich immer eine Primär- bzw. Spitzenkennzahl, die die Hauptaussage des Systems vermitteln soll. Das bekannteste Beispiel hierfür ist das

---

[10] Vgl. Küting/Weber, 2009, S. 55 f.
[11] Horváth, 2011, S. 500

DuPont-Kennzahlensystem. Den Rechnungssystemen stehen Ordnungssysteme gegenüber, bei denen Kennzahlen bestimmten Sachverhalten zugeordnet werden.[12]

1.2.1 Du Pont-Kennzahlensystem

Das wohl älteste Kennzahlensystem ist das DuPont System of Financial Control. Dieses wird häufig als Basis für andere Kennzahlensysteme verwendet. Die Spitzenkennzahl bzw. das primäre Unternehmensziel ist hierbei nicht die Gewinnmaximierung, sondern die Gesamtkapitalrentabilität eines Unternehmens (ROI). Der Return on Investment kann anschließend weiter in den Kapitalumschlag und die Umsatzrentabilität aufgespalten werden. Während die Umsatzrentabilität durch eine zusätzliche Zerlegung Aufschluss über die einzelnen Kosteneinflussfaktoren gibt, informiert der Kapitalumschlag über das Anlage- und Umlaufvermögen.

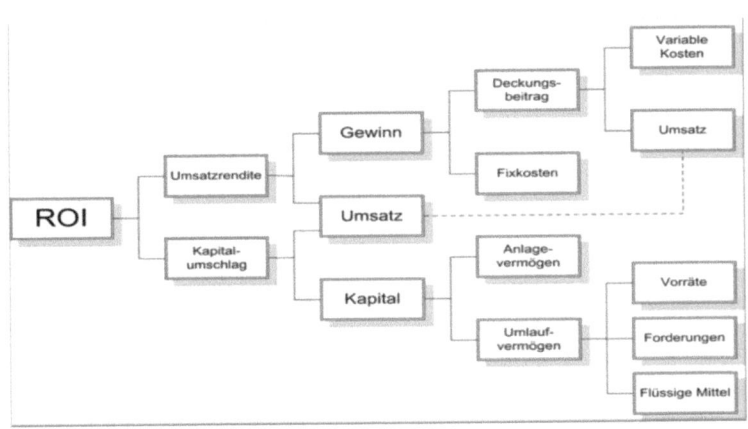

Abbildung 1: Beispiel eines Kennzahlensystems: Du Pont-Kennzahlensystem[13]

Ein Vorteil des Du Pont-Kennzahlensystems besteht darin, dass dieses für das Unternehmen als Ganzes sowie für einzelne Unternehmensbereiche anwendbar ist. Zudem besitzt das System einen Kontroll- und Steuerungsfunktionscharakter, wodurch es bestens zur Anwendung in der Unternehmensführung geeignet ist.

Nachteilig zu sehen ist, dass für das System nach Du Pont nur Unternehmensbereiche in Frage kommen, für die sich ein Gewinn ermitteln lässt. Ein weiterer Nachteil

---

[12] Küting/Weber, 2009, S. 56 ff.
[13] Vgl. sykasoft., SHK-Betriebe: keine Angst vor Basel II, unter: https://www.sykasoft.de/basel2.htm

ist die kurzfristige Orientierung des Systems, da das langfristige Potenzial dabei ausgeblendet wird.

ZVEI-Kennzahlensystem

Ein dem Du Pont-System ähnelndes Kennzahlensystem ist das ZVEI-System, das vom Zentralverband der Elektrotechnischen Industrie entwickelt wurde. Es beinhaltet 88 Haupt- und 122 Hilfskennzahlen. Grundlegend zielt das Kennzahlensystem auf eine Analyse- und Steuerungsfunktion ab. Innerhalb des Systems werden zwei Analysestufen unterschieden, die sich in Wachstums- und Strukturanalyse gliedern. Durch die Wachstumsanalyse können Geschäftsvolumen, Personal und Erfolg untersucht werden. Einen ähnlichen Aufbau wie beim Du Pont-System zeigt die Strukturanalyse. Die Spitzenkennzahl der Strukturanalyse ist jedoch die Eigenkapitalrentabilität, die gleichermaßen aufgespalten wird, um die Wirkungszusammenhänge zu verdeutlichen. Neben der hierarchischen Gliederung der Strukturanalyse ist diese im Gegensatz zur Wachstumsanalyse periodenbezogen.[14]

1.3 Auswertungsmethoden

Es lassen sich zwei Methoden unterscheiden, um einen Jahresabschluss zu analysieren. Auf der einen Seite steht die statische Analyse. Dieser nachgelagert befindet sich auf der Gegenseite die vergleichende Analyse. Zusammen bilden sie eine effiziente Methode, wobei die aktuellen Daten mit den Vorjahreswerten verglichen werden können.[15]

1.3.1 Statische Analyse

Die statische Analyse ist der Ausgangspunkt für die Bildung von Kennzahlen, jedoch werden hier nur Daten erhoben, die der gleichen Zeitperiode (Daten der GuV) oder dem gleichen Zeitpunkt (Daten der Bilanz) angehören. Somit vermittelt die statische Analyse ein Bild über die Momentaufnahme des betrieblichen Geschehens, während die periodisierte Veränderung des Unternehmens unberücksichtigt bleibt. Dadurch beschränken sich die Auswertungen der Analyse auf enorm auffällige und untypische Sachverhalte im Unternehmen. Um die resultierenden Ergebnisse umfassend bewerten zu können, sind Maßstäbe, wie das Verhältnis von

---

[14] Vgl. Kennzahlen-Systeme, unter: https://www.controllingportal.de/Fachinfo/Kennzahlen/Kennzahlen-Systeme.html
[15] Vgl. Wöltje, 2016, S. 288

Zugängen des Anlagevermögens zum Umsatz, zu wählen. Problematisch stellt sich das Ausbleiben von Maßstäben dar, die Einzelposten der Höhe nach einstufen bzw. Werte einzelner Kennzahlen miteinander vergleichbar machen. Lediglich durch einen Vergleich mit anderen Kennzahlen gewinnt eine Analyse an Bedeutsamkeit und Aussagekraft. Aus diesem Grund wird die statische Analyse als Basis um eine vergleichende Analyse erweitert.

1.3.2 Vergleichende Analyse

Aufbauend auf die statische Analyse beziehen sich die Werte der vergleichenden Analyse auf unterschiedliche Zeitpunkte bzw. Perioden. Die gleichartigen Größen, welche von verschiedenen Unternehmen stammen können, werden bei einer vergleichenden Analyse ins Verhältnis gesetzt. Essenziell für die Vergleichbarkeit der Kennzahlen ist, dass das verwendete Datenmaterial prinzipiell gleichermaßen aufbereitet werden muss. Außerdem sollte die Bewertung von betrieblichen Sachverhalten einheitlich erfolgen.[16]

1.3.2.1 Zeitvergleich

Bei einem Zeitvergleich wird mehrmals dasselbe Objekt, jedoch aus unterschiedlichen Zeiträumen, gegenübergestellt. Aus diesem mehrperiodigen Zeitvergleich können entwicklungstechnische Tendenzen eines Unternehmens abgeleitet werden. Ein Vorteil des zeitlichen Vergleichs liegt in der relativ schnellen Erfassung einmaliger Zufälligkeiten und außerordentlicher Ereignisse, da diese meist zu ersichtlichen Schwankungen gegenüber der Vorjahre führen. Durch ein schnelles Erkennen können Auswirkungen häufig relativiert werden.

Vorteilhaft ist außerdem die erhöhte Chance, bilanzpolitische Maßnahmen eines Unternehmens aufzudecken. Sollte ein Betrieb beispielsweise eine hohe Sonderabschreibung angesetzt haben, um einen niedrigeren Gewinn auszuweisen, würde dem Analysten sofort auffallen, dass ein bilanzpolitisches Instrument angewandt wurde, da der Posten Abschreibungen größere Schwankungen im Vergleich zu Vorjahreswerten aufzeigen würde.[17]

---

[16] Vgl. Küting/Weber, 2009, S. 70
[17] Vgl. Wöltje, 2016, S. 288 f.

1.3.2.2 Soll-Ist-Vergleich

Anders als beim zeitlichen Vergleich werden bei einem Soll-Ist-Vergleich oder normativen Vergleich bestehende Ist-Werte vorgegebenen Richt- bzw. Planwerten gegenübergestellt. Während Richtwerte auf Erfahrungsgrößen der Vergangenheit beruhen, versucht man sich bei den Planwerten davon zu lösen. Hier konzentriert man sich vielmehr auf zukunftsorientiere Größen, die durch eine analytische Kostenplanung innerhalb einer Verbrauchsanalyse entstehen.[18]

1.4 Verdichtung von Kennzahlensystemen – Diskriminanzanalyse

Die Diskriminanzanalyse ermöglicht eine Untersuchung zweier oder mehrerer Gruppen anhand von einer (univariat) oder auch mehrerer (multivariat) Merkmalsausprägungen. Die Basis, um Gruppenunterschiede zu analysieren, schafft eine Grundgesamtheit von Unternehmen, die in zwei Gruppen hinsichtlich eines Kriteriums aufgespalten wird. Als Kriterium wird hierbei festgelegt, ob ein Unternehmen in einem bestimmten Jahr oder Zeitraum insolvent bzw. solvent ist. Als nächster Schritt werden aus dem Pool von Unternehmen zwei Stichproben gezogen, welche eine Test- und eine Kontrollgruppe ergeben. Dabei ist die Testgruppe die Menge der insolventen Unternehmen und die meist gleichgroße Kontrollgruppe die Menge der solventen Unternehmen. Daraufhin kann mithilfe von Merkmalsausprägungen verschiedener Kennzahlen eine Aussage über die Unterschiede zwischen den Gruppen getroffen werden. Bei der Auswahl der Kennzahl wird darauf geachtet, dass diese zu einer bestmöglichen Klassifikation der Unternehmen in eine der beiden Gruppen führt. So kann man beispielsweise die Kennzahl Fremdkapitalquote zur Diskriminanzanalyse heranziehen. Nun bestimmt man einen Trennwert (Cut-Off-Point), durch den die Klassifikation in eine der beiden Gruppen erfolgen kann. Liegt der Wert des Beispiels der Fremdkapitalquote über dem Cut-Off-Point, ist das Unternehmen als insolvenzgefährdet einzustufen. Befindet sich der Wert unter dem Trennwert, ist das betrachtete Unternehmen als solvent zu klassifizieren.[19]

---

[18] Vgl. Küting/Weber, 2009, S. 71
[19] Vgl. Kamps, U.: Diskriminanzanalyse, unter: https://wirtschaftslexikon.gabler.de/definition/diskriminanzanalyse-28211

1.5 Grenzen der Kennzahlenrechnung

Trotz der häufigen praktischen Anwendung der Kennzahlenrechnung zur Beurteilung des Unternehmens kann diese möglicherweise durch wichtige Faktoren eingeschränkt werden. Ein entscheidender Aspekt, der die Kennzahlenrechnung beschränkt, ist die Vergangenheitsorientierung des Jahresabschlusses. Die Informationen, welche einem Jahresabschluss entnommen werden können, umfassen den Zeitraum eines ganzen Jahres und sind somit bereits veraltet, um auf Basis dessen eine zukunftsorientierte Entwicklung festzustellen. Auch der längere Zeitraum zwischen Bilanzstichtag und Veröffentlichung des Jahresabschlusses lässt das Zahlenmaterial altern. Dies betrifft vor allem stichtagsbezogene Kennzahlen, die sich mit der Vermögens- und Liquiditätslage eines Unternehmens befassen. Durch kürzer miteinander vergleichbarer Zeiträume, wie Monats- oder Vierteljahresabschlüsse, würden sich zukünftige Tendenzen besser konzipieren lassen. Jedoch haben auf diese Abschlüsse meistens nur interne Instanzen Zugriff, wodurch sich die Sachlage für einen externen Analysten weiterhin erschwert.[20]

Ein weiterer wichtiger Faktor ist das Ausbleiben erforderlicher Informationen bei einer Kennzahlenrechnung, um das Unternehmen finanz- und erfolgswirtschaftlich ausreichend zu analysieren. Signifikante qualitative Daten, wie die Marktstellung, das technische Know-how und das Image fehlen bei der Jahresabschlussanalyse, da diese Größen nicht quantifizierbar sind. Außerdem werden nur bereits begonnene bzw. abgeschlossene Geschäftsvorfälle erfasst. Somit mangelt es an Informationen über Beschäftigungsgrade oder potenzielle Transaktionen, wie schwebende Geschäfte im Unternehmen, woraus keine Verluste drohen.

Des Weiteren schränken bilanzpolitische Maßnahmen und Ermessensspielräume die Aussagekraft der Kennzahlenrechnung teilweise erheblich ein. Die auf den Einschätzungen des Managements beruhenden Ermessensspielräume können das durch den Jahresabschluss vermittelte Bild verfälschen, da die Unternehmenslage je nach Unternehmenspolitik gegebenenfalls schlechter dargestellt wird, als sie in Wirklichkeit ist. Dies ist auf das Vorsichtsprinzip zurückzuführen, welches besagt, dass Vermögengegenstände und Schulden „vorsichtig zu bewerten"[21] sind. Demnach wird das Reinvermögen des Unternehmens oftmals unterbewertet bzw. Aufwendungen vorverrechnet. Ziel des Unternehmens hierbei ist die Bildung oder

---

[20] Vgl. Küting/Weber, 2009, S. 75
[21] §252 Abs.1 Nr.4 HGB, unter: https://www.gesetze-im-internet.de/hgb/__252.html

Auflösung stiller Reserven, welche aus einer Unterbewertung des Vermögens oder Überbewertung der Schulden entstehen.

Der letzte wichtige Faktor, der auf die Kennzahlenrechnung einwirkt, ist die unterschiedliche Verwendung von Rechnungslegungsnormen. Prinzipiell läuft der Trend zur Erstellung der Abschlüsse nach internationalen Rechnungslegungsnormen. Möchte man nun den Abschluss eines Unternehmens nach internationalen Rechnungslegungsstandards mit einem Abschluss eines anderen Unternehmens, das nach HGB bilanziert, vergleichen, gelangt man zu keinen aussagekräftigen Hypothesen, da jedes Rechnungslegungssystem auf eigenen Grundsätzen beruht. Folglich variieren auch der Zweck und die Ziele der Rechnungslegung, wodurch sich die unterschiedlichen Abschlüsse schwer miteinander vergleichen lassen. Strebt man trotzdem einen Vergleich der Abschlüsse an, muss erst durch eine Adaption die Vergleichbarkeit generiert werden.[22]

---

[22] Vgl. Coenenberg, 2016, S. 1031

2 Finanzwirtschaftliche Jahresabschlussanalyse

„Das Ziel der finanzwirtschaftlichen Bilanzanalyse ist die Gewinnung von Informationen über die Kapitalverwendung (Vermögensstrukturanalyse), der Kapitalbeschaffung (Kapitalstrukturanalyse) und über die Beziehung zwischen den beiden vorher erwähnten Komponenten (Liquidität oder Analyse der horizontalen Bilanzstruktur)."[23] Die Liquiditätsanalyse gliedert sich nochmals in eine statische, die auf Basis von Bestandsgrößen ermittelt wird, und eine dynamische Analyse auf, welche auf Basis von Stromgrößen berechnet wird.

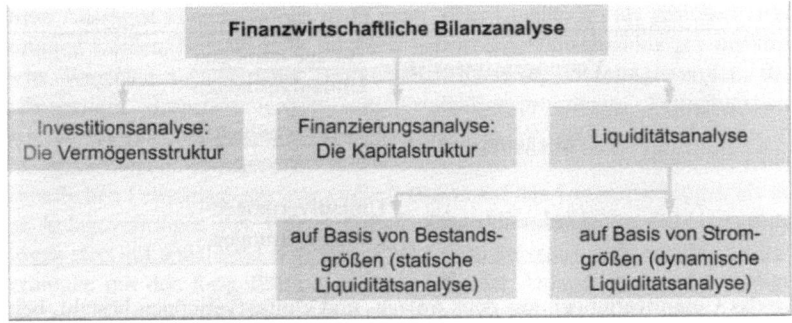

Abbildung 2: Finanzwirtschaftliche Bilanzanalyse[24]

Als zentrales Element der finanzwirtschaftlichen Bilanzanalyse gilt die Beurteilung der Liquiditätslage, da Illiquidität ähnlich wie die Überschuldung eines Unternehmens zur Insolvenz führen kann. Außerdem bildet die finanzielle Stabilität die Grundlage für die anschließende Analyse der Ertragskraft. Die benötigten Informationen für die Analyse werden vor allem aus der Bilanz und der Kapitalflussrechnung gewonnen.

2.1 Investitionsanalyse: Vermögensstruktur

Neben der Art und Zusammensetzung des Vermögens wird außerdem die Dauer der Kapitalbindung im Unternehmen untersucht. Alle Kennzahlen, die für die Vermögensstrukturanalyse relevant sind, können von der Aktivseite der Bilanz gewonnen und anschließend zueinander ins Verhältnis gesetzt werden. Daraus wird

---

[23] Vgl. Dennis Huchzermeier, Finanzwirtschaftliche Bilanzanalyse des Schering Konzerns, Studienarbeit, GRIN-Verlag, 2004, S. 2 ff.
[24] Vgl. Coenenberg, 2016, S. 1067

ersichtlich, ob das Unternehmen eher in lang- oder kurzfristiges Kapital investiert hat und folglich auch wie lange dieses gebunden ist. Um eine finanzielle Stabilität zu gewährleisten, ist entscheidend, wie rapide die Vermögensteile monetisiert werden können. Je schneller eine Monetisierung erfolgen kann, desto höher ist die Entwicklung des Liquiditätspotenzials und die Wahrscheinlichkeit eines Liquiditätsengpasses wird verringert. Außerdem ist das Unternehmen hinsichtlich der Disposition elastischer, da eine Adaption an Absatzveränderungen besser erfolgen kann. Es ist beispielsweise einfacher, das Produktionsprogramm anzupassen, als eine komplette Maschine stillzulegen.

2.1.1 Vermögensrelationen: Verhältnis von Anlage- zu Umlaufvermögen

Beim ersten Analyseschritt wird das langfristig investierte Vermögen mit dem kurzfristig investierten Vermögen in Relation gestellt. Es können folgende Intensitätskennzahlen aus den Werten der Aktivseite gebildet werden.

$$Vermögensintensität = \frac{Anlagevermögen}{Umlaufvermögen}\,[25]$$

$$Anlageintensität = \frac{Anlagevermögen}{Gesamtvermögen}\,[26]$$

Es kommt zu einer Steigerung der Kapazitätsausnutzung und damit verbunden zu einer verbesserten Ertragslage, je geringer der Anteil des Anlagevermögens am Gesamtvermögen ist.

$$Umlaufintensität = \frac{Umlaufvermögen}{Gesamtvermögen}\,[27]$$

Erhöht man den Anteil des Umlaufvermögens am Gesamtvermögen kommt es zu einer gesteigerten Flexibilität und damit auch zu einer besseren finanz- und erfolgswirtschaftlichen Stabilität. Wird das Vermögen kurzfristig gebunden, kann der Fixkostenanteil reduziert werden. Ein geringerer Fixkostenanteil wirkt sich somit auch schwächer auf mögliche Veränderungen bei Beschäftigungsverhältnissen aus.

---

[25] Vgl. Coenenberg, 2016, S. 1068
[26] Vgl. Anlageintensität, unter: https://welt-der-bwl.de/Anlagenintensit%C3%A4t
[27] Vgl. Küting/Weber, 2009, S. 124

Da sich das Gesamtvermögen aus Anlage- und Umlaufvermögen zusammensetzt, reicht es, eine Kennzahl der genannten drei Intensitäten zu bilden. Jedoch kann die Aussagekraft der Intensitäten beim Vergleich unterschiedlicher Unternehmen eingeschränkt werden. Weisen die zu vergleichenden Unternehmen variierende Branchenzugehörigkeiten, Produktionsprogramme, Fertigungstiefen, Geschäftspolitiken oder Automatisierungsgrade auf, kann eine Vergleichbarkeit nicht hergestellt werden, da sich diese auf das Verhältnis von Anlage- zu Umlaufvermögen auswirken. Des Weiteren kann das Ergebnis der Anlagenintensität beispielsweise durch eine sehr große Investition, wie einen Gebäude- oder Maschinenkauf, verfälscht werden. Aufgrund dessen kann die Analyse durch die Kennzahlenbildung von der Intensität des immateriellen Vermögens und der Aktivierungsquote erweitert werden, um die Aussagekraft zu intensivieren.

2.1.2 Umsatzrelationen

Um die Analyse der ins Verhältnis gesetzten Vermögen zu verfeinern, werden häufig Umsatzrelationen gebildet. Die Bildung der Relationen lässt am einfachsten die Beeinflussung von Vermögenspostenänderungen auf eine wachsende oder degenerierende Geschäftstätigkeit erkennen.

$$Sachanlagenbindung = \frac{Sachanlagevermögen}{Umsatzerlöse}\;[28]$$

$$Vorrätebindung = \frac{Vorräte}{Umsatzerlöse}\;[29]$$

Neben den genannten Umsatzrelationen existieren noch weitere, jedoch wird hierauf nicht detailliert eingegangen. Wird nun angenommen, dass die Relation von Anlage- zu Umlaufvermögen anwächst, kann voreilig auf eine schlechtere Kapazitätsauslastung geschlossen werden. Sinkt jedoch parallel die Sachanlangen-Bindung kann ein Rückgang der Beschäftigung ausgeschlossen werden. Stattdessen ist entweder eine Umsatzsteigerung bei gleichbleibenden Anlageeinsatz zu vermuten oder es wurde der gleiche Umsatz mit weniger Anlagen erzielt, was auf eine verbesserte Anlagenauslastung zurückzuführen ist. Kommt es zeitgleich zu einem

---

[28] Vgl. Coenenberg, 2016, S. 1071
[29] Vgl. Bilanzanalyse, unter: http://www.daswirtschaftslexikon.com/d/bilanzanalyse/bilanzanalyse.htm

Rückgang der Kennzahl Vorräte-Bindung kann der Grund für das Absinken des Umlaufvermögens ermittelt werden. Dieser liegt möglicherweise in einer Rationalisierung der Lagerhaltung oder Verbesserung des Fertigungsdurchlaufs begründet. Dieses Beispiel symbolisiert die Wichtigkeit der Anwendung mehrerer logisch miteinander verknüpfter Kennzahlen.[30]

2.1.3 Umschlagskoeffizienten

Die Umschlagshäufigkeit gibt an, wie oft der durchschnittliche Lagerbestand innerhalb eines bestimmten Zeitraums, z. B. das laufende Geschäftsjahr, umgeschlagen bzw. verkauft wurde.

$$Umschlagshäufigkeit = \frac{Abgang\ in\ der\ Periode}{Durchschnittlicher\ Bestand} [31]$$

Der Wert der Umschlagshäufigkeit sollte möglichst erhöht werden, um die Rentabilität zu steigern, da das in Vermögenswerten gebundene Kapital bei gleichem Jahresumsatz verringert wird. Wird der Kehrwert der Umschlagshäufigkeit gebildet, kann die Umschlagsdauer ermittelt werden. Diese gibt an, in welchem Zeitraum der Bestand exakt einmal umgeschlagen wird. Um den durchschnittlichen Bestand zu errechnen, muss das arithmetische Mittel aus Anfangs- und Endbestand gebildet werden.

Da es Anlagenabgänge nur beim Anlagevermögen gibt, tritt bei allen anderen Posten anstelle des Abgangs der Umsatz.

Neben der Umschlagshäufigkeit spielt das Kundenziel, oder auch Days Sales Outstanding (DSO), eine wichtige Rolle. Hierdurch wird die durchschnittliche Dauer in Tagen berechnet, in der Kunden ihren Liefer- und Leistungsforderungen nachkommen, um die finanzielle Stabilität adäquat beurteilen zu können.

$$Kundenziel = \frac{Durchschnittlicher\ Bestand\ an\ Warenforderungen}{Umsatzerlöse} \times 365 [32]$$

Eine Erhöhung dieser Kennzahl kann auf mehrere Ursachen zurückzuführen sein. Einerseits könnte ein essenzieller Kunde für das Unternehmen wirtschaftliche

---

[30] Vgl. Coenenberg, 2016, S. 1071
[31] Vgl. Coenenberg, 2016, S. 1071
[32] Vgl. Küting/Weber, 2009, S. 130

Schwierigkeiten aufweisen, aufgrund dessen er der Zahlung erst später oder möglicherweise gar nicht nachkommen kann. Eine weitere Ursache könnten Konditionszugeständnisse gegenüber dem Kunden zur Verbesserung der Auftragslage sein. Außerdem könnte auch an Kunden mit einer schlechteren Bonität geliefert worden sein. Zudem könnten eigene Qualitätsprobleme die Ursache des schlechteren Kundenziels sein. Um detailliertere Erkenntnisse über die Bonität und Zahlungsbereitschaft zu erlangen, wird häufig noch die Kennzahl Forderungs-Ausfallquote verwendet, welche die ausgefallenen Forderungen ins Verhältnis zum gesamten Forderungsbestand setzt.

Als letzte wichtige Umschlagskoeffizienten-Kennzahl ist die Vorratsumschlagsdauer zu nennen, die die Liquidität eines Unternehmens beeinflusst. Sie wird auch als Days Inventory Outstanding (DIO) bezeichnet und beschreibt die Dauer der Vorräte im Lager.

$$Vorratsumschlagsdauer = \frac{Durchschnittlicher\ Bestand\ an\ Vorräten}{Materialaufwand} \times 365^{33}$$

Die Vorratsumschlagsdauer sollte möglichst minimiert werden. Jedoch sollte eine durchgängige Produktion immer gewährleistet sein, da ein Stillstand der Produktion durch fehlende Vorräte ineffizient wäre.

2.1.4 Auswirkung der Investitionsanalyse auf Anlageentscheidungen

Die Investitionsanalyse kann grundlegende Informationen an einen Kapitalanleger vermitteln, ob er in das Unternehmen investieren sollte oder nicht, da die Analyse die Vermögens- und Finanzlage abbildet. Der potenzielle Investor sollte im Zuge der Investitionsanalyse mehrere Kennzahlen in Verbindung zueinander betrachten, um eine Aussage über seine Anlageentscheidung treffen zu können. Die erläuterten Intensitätskennzahlen sollten daher immer verbindend mit den Umsatzrelationen analysiert werden. Besitzt das vorliegende Unternehmen eine hohe Umlaufintensität, wird ein hohes Umlaufvermögen am gesamten Vermögen ausgewiesen. Damit ist das Unternehmen flexibler und weist eine verbesserte finanzwirtschaftliche und erfolgswirtschaftliche Stabilität auf. Zeigt sich im Vergleich zum Vorjahr ein Anstieg des Anlagevermögens zum Umlaufvermögen des

---

[33] Vgl. Coenenberg, 2016, S. 1073

Unternehmens, kann vorerst davon ausgegangen werden, dass die Kapazitäten schlechter ausgenutzt wurden. Sinkt dazu auch die Umsatzrelation der Sachanlagenbindung, kann eine verschlechterte Kapazitätsauslastung ausgeschlossen werden, da es möglich ist, dass das Unternehmen mehr Umsatz mit gleichbleibenden Anlageneinsatz generiert hat. Auch die Umschlagshäufigkeit spielt für den Investor eine wichtige Rolle, da ein hoher Wert der Kennzahl auch zu einer Erhöhung der Rentabilität führt und somit das Unternehmen eine verbesserte Finanzlage erwirtschaftet. Des Weiteren korrelieren das Kundenziel sowie die Forderungs-Ausfallquote. Erhöht sich das Kundenziel, kann es sein, dass die Forderung an den Kunden ausfällt, da der Kunde insolvent ist oder seinen Zahlungsverpflichtungen kurzfristig nicht nachkommen kann. Damit steigt auch die Kennzahl der Forderungs-Ausfallquote. Die Anlageentscheidung des Investors, ob Fremd- oder Eigenkapitalgeber, kann davon maßgebend betroffen sein, da sich ein erhöhtes Kundenziel und damit auch eine erhöhte Forderungs-Ausfallquote negativ auf die Vermögens-, Finanz- und Ertragslage auswirkt. Schlussfolgernd wird ersichtlich, dass die Kennzahlen der Investitionsanalyse oftmals als Einheit zusammengefasst analysiert werden müssen, um eine aussagefähige Information zu erhalten.

2.2 Finanzierungsanalyse: Kapitalstrukturanalyse

Die Finanzierungsanalyse soll Aufschluss über die Zusammensetzung des Kapitals, welches dem Unternehmen zur Verfügung steht, nach Art und Überlassungsdauer geben. Neben dem Zweck zur Abschätzung des Finanzierungsrisikos können auch wichtige Gesichtspunkte zur Kreditwürdigkeit eines Unternehmens bei Kreditinstituten für eine mögliche Beschaffung zusätzlichen Fremdkapitals erörtert werden. Allgemein ist die Zahlungsfähigkeit eines Unternehmens bestimmend für die Beschaffung neuen Kapitals eines Unternehmens.[34]

2.2.1 Eigenkapitalquote, Verschuldungs- und Anspannungsgrad

Als zentrales Beobachtungsobjekt bei der Kapitalstrukturanalyse in der Praxis dient die Eigenkapitalquote, welche die Höhe des Prozentsatzes der eigenen Mittel an der Finanzierung angibt.

---

[34] Vgl. Bilanzpolitik und Jahresabschlussanalyse, 2010, S. 34, unter: https://www.boeckler.de/pdf/mbf_bilanzpolitik_ja-analyse_gesamt.pdf

$$Eigenkapitalquote = \frac{Eigenkapital}{Gesamtkapital}\ ^{35}$$

Bei der Berechnung der Eigenkapitalquote ist sowohl der Jahresüberschuss (Gewinn), als auch der Jahresfehlbetrag (Verlust) zu berücksichtigen. Je höher die Eigenkapitalquote ausfällt, desto konkurrenzfähiger, kreditwürdiger und unabhängiger gegenüber Banken ist ein Unternehmen. Außerdem vergrößert sich die Haftungssubstanz mit steigendem Eigenkapitalanteil am Gesamtkapital, da die Gefahr einer Insolvenz durch Überschuldung schrumpft. Sollte das Unternehmen eine hohe Eigenkapitalquote verzeichnen, sinkt des Weiteren das Risiko der Fremdkapitalgeber, auf ihr eingesetztes Kapital oder Zinszahlungen zu verzichten, da diese von den Eigenkapitalgebern zu tragen sind. Ein Unternehmen hat es zudem erheblich einfacher, Fremdkapital zu beschaffen, wenn es eine hohe Eigenkapitalquote aufweisen kann. Somit steigt auch die Chance einer Wachstumsfinanzierung. Jedoch gibt es neben den positiven Einflüssen einer hohen Eigenkapitalquote auch einige negative, wie die enorme steuerliche Belastung der Eigenfinanzierung.

Der Anspannungsgrad (Fremdkapitalquote) zeigt, analog zur Eigenkapitalquote, den Anteil des Fremdkapitals am Gesamtkapital.

$$Anspannungsgrad = \frac{Fremdkapital}{Gesamtkapital}\ ^{36}$$

Je höher der Anspannungsgrad ausfällt, desto abgeneigter sind Kreditinstitute, Kredite an das Unternehmen zu vergeben. Vergibt eine Bank trotzdem einen Kredit, ist dies oftmals mit hohen Zins- und Tilgungszahlungen verbunden.[37]

Der statische Verschuldungsgrad liefert hingegen Informationen über die Bonität eines Unternehmens.

$$Statischer\ Verschuldungsgrad = \frac{Fremdkapital}{Eigenkapital}\ ^{38}$$

---

[35] Vgl. Wöltje, Jahresabschluss: Schritt für Schritt, 2015, S. 212
[36] Vgl. Küting/Weber, 2009, S. 137
[37] Vgl. Wöltje, 2015, S. 213
[38] Vgl. Bilanzpolitik und Jahresabschlussanalyse, S. 35, unter: https://www.boeckler.de/pdf/mbf_bilanzpolitik_ja-analyse_gesamt.pdf

Durch das Ansteigen des Verschuldungsgrades wächst automatisch die Abhängigkeit von Fremdkapitalgebern. Außerdem wird die Aufnahme weiterer Fremdkapitals bei Kreditinstituten erschwert. Das Eigenkapital sollte in der Regel ein Drittel des Gesamtkapitals ausmachen. Es entsteht dadurch ein Verhältnis von 2:1 von Fremd- zu Eigenkapital. Somit ist die anfänglich gedachte hohe positive Eigenkapitalquote eher nachteilig zu sehen, da sich eine höhere Verschuldung bei einem wachstumsstarken Unternehmen mit guter Ertragskraft positiv auf die Eigenkapitalrentabilität auswirkt. Der sogenannte Leverage-Effekt wird im nachfolgenden Punkt genauer analysiert.[39]

2.2.2 Leverage-Effekt

Es ist möglich, die Eigenkapitalrentabilität mithilfe einer Substitution von Eigenkapital durch Fremdkapital zu steigern, jedoch ist es zwingend notwendig, dass sich die Gesamtkapitalrentabilität über dem Fremdkapitalzins befindet. Dies kann auch als positiver Leverage-Effekt beschrieben werden. Fällt die Gesamtkapitalrentabilität (GKR) unter den Fremdkapitalzins (FKZ), kommt es zu einem Sinken der Eigenkapitalrentabilität mit steigendem Verschuldungsgrad. Dieser Sachverhalt wird auch als negativer Leverage-Effekt bezeichnet. Die Eigenkapitalrentabilität lässt sich wie folgt berechnen:

$$Eigenkapitalrentabilität\ (EKR)$$
$$= GKR + (GKR - FKZ) \times \frac{Fremdkapital}{Eigenkapital} \times 100^{40}$$

Es ist zu erkennen, dass eine Hebelwirkung zwischen der Eigen- und Gesamtkapitalrentabilität besteht. Um die Hebelwirkung anschaulicher zu gestalten, wird im Folgenden ein Sachverhalt aufgezeigt und berechnet.

Die XY AG weist eine Gesamtkapitalrentabilität von 12% auf, während der Fremdkapitalzinssatz 8% beträgt:

Angaben in €	Fall 1	Fall 2	Fall 3	Fall 4	Fall 5
Gesamtkapital	100.000	100.000	100.000	100.000	100.000
Eigenkapital	100.000	80.000	50.000	20.000	20.000
Fremdkapital	0	20.000	50.000	80.000	80.000

---

[39] Vgl. Wöltje, 2015, S. 213
[40] Vgl. Wöltje, 2015, S. 213

Fremdkapitalzinssatz	0	8%	8%	8%	16%
Gewinn vor Zinsen	12.000	12.000	12.000	12.000	12.000
Fremdkapitalzinsen	0	1.600	4.000	6.400	12.800
Reingewinn	12.000	10.400	8.000	5.600	-800
Eigenkapitalrentabilität	12%	13%	16%	28%	-4%

Tabelle 1: Leverage-Effekt

Dem oben aufgeführten Beispiel ist beim ersten Fall eine positive Eigenkapitalrentabilität zu entnehmen, wenn die XY AG keinerlei Fremdkapital bezieht. Der zweite, dritte und vierte Fall soll die Entwicklung der Eigenkapitalrentabilität aufzeigen, sobald das Unternehmen Fremdkapital bezieht, der Fremdkapitalzins jedoch unter der Gesamtkapitalrentabilität liegt. Es ist ein kontinuierlicher Anstieg der Eigenkapitalrentabilität zu erkennen, obwohl weniger Eigenkapital eingesetzt wurde. Der letzte Fall zeigt auf, welche Auswirkungen auftreten können, wenn die Gesamtkapitalrentabilität unter den Fremdkapitalzins fällt. Hier erwirtschaftet das Unternehmen XY eine negative Eigenkapitalrentabilität, womit sich die anfängliche Leverage-Chance zum Leverage-Risiko entwickelt.

Ist die Gesamtkapitalrentabilität und der Fremdkapitalzinssatz nicht gegeben, lassen sie sich wie folgt berechnen:

$$Gesamtkapitalrentabilität\ (GKR) = \frac{Gewinn/Verlust + Fremdkapitalzinsen}{Gesamtkapital} \times 100 [41]$$

$$Fremdkapitalzinssatz\ (FKZ) = \frac{Zinsen\ und\ ähnliche\ Aufwendungen}{Fremdkapital} [42]$$

Aufgrund der oben beschriebenen Analyse kann eine eindeutige Aussage über das Verhältnis von Eigen- zu Fremdkapital nicht getroffen werden. Pauschal wird von dem Entschluss ausgegangen, dass die finanzielle Stabilität bei größerem Eigenkapitalanteil höher ist. Um einem erhöhten Ertragsrisiko entgegenzuwirken, sollte daher auch entsprechend ein höherer Eigenkapitalanteil angestrebt werden. Somit müssen bei der Leverage-Analyse zwei Risiken abgestimmt werden. Auf der einen Seite steht das Geschäftsrisiko (operating leverage), welches sich aus der Renditeschwankung des unverschuldeten Unternehmens ergibt. Außerdem hängt das

---

[41] Vgl. Küting/Weber, 2009, S.323
[42] Vgl. Coenenberg, 2016, S. 1079

Geschäftsrisiko von qualitativen Größen, wie Marktposition, Höhe der Fixkostenbelastung sowie der Kapitalintensität, ab. Auf der anderen Seite befindet sich das Finanzstrukturrisiko (financial leverage), welches von der Höhe der Zinsbelastung abhängt. „Je niedriger das Fremdkapital und je höher folglich die Eigenkapitalquote, desto niedriger ist das Finanzstrukturrisiko."[43]

Durch den Leverage-Index lässt sich die Effektivität der zugrundeliegenden Kapitalstruktur beurteilen.

$$Leverage-Index = \frac{Eigenkapitalrentabilität}{Gesamtkapitalrentabilität}\text{[44]}$$

Nimmt der Leverage-Index einen Wert über Eins an, kann sich eine Leverage-Chance entwickeln. Dem gegenüber steht die Möglichkeit des Wertes unter Eins, so dass ein Leverage-Risiko entsteht. Daraus resultiert, dass ein Unternehmen die Eigenkapitalrentabilität verbessern kann, indem es seine Kapitalstruktur verändert oder adaptiert.[45]

2.2.3 Weitere Kennzahlen zur Analyse der Kapitalstruktur

Um mehr Aussagekraft über die vorliegende Kapitalstruktur bzw. Kapitalbeschaffungsmöglichkeiten zu generieren, werden oftmals weitere Kennzahlen für die Analyse herangezogen.

Die Kennzahl „Selbstfinanzierungsgrad" beschreibt das mögliche Ausschüttungspotenzial eines Unternehmens.

$$Selbstfinanzierungsgrad = \frac{Gewinnrücklagen}{Eigenkapital}\text{[46]}$$

Der Grad der Selbstfinanzierung soll die Höhe des thesaurierten Kapitals, d. h. die Gewinne, welche nicht ausgeschüttet wurden, sowie den Eigenkapitalanteil, der von außen zugeführt wurde, aufdecken. Somit wird mit dem Selbstfinanzierungsgrad die Thesaurierungsfähigkeit bzw. -bereitschaft eines Unternehmens erörtert.

---

[43] Vgl. Coenenberg, 2016, S. 1078
[44] Vgl. Financial Leverage Index, unter: https://wealthyeducation.com/financial-leverage-index/
[45] Vgl. Coenenberg, 2016, S. 1080
[46] Vgl. Coenenberg, 2016, S. 1081

Soll der Bilanzkurs errechnet werden, muss das bilanzielle Eigenkapital mit dem gezeichneten Kapital ins Verhältnis gesetzt werden. Das „[g]ezeichnete Kapital ist das Kapital, auf das die Haftung der Gesellschafter für die Verbindlichkeiten der Kapitalgesellschaft gegenüber den Gläubigern beschränkt ist."[47]

$$Bilanzkurs = \frac{bilanzielles\ Eigenkapital}{gezeichnetes\ Kapital} \times 100 ^{[48]}$$

Wird der Bilanzkurs mit dem Börsenkurs verglichen, kann ermittelt werden, inwiefern sich Goodwill, stille Reserven und andere werthaltige Faktoren einer Gesellschaft an der Börse ausgewirkt haben. Dadurch spiegelt sich der Ertragswert wider, den die Börse in dem Unternehmen vermutet. Liegt der Wert des Börsenkurses deutlich über dem des Bilanzkurses, ist dies häufig ein Indiz dafür, dass es zu einer Aufnahme junger Aktien der Anleger kommt. Dies geschieht v. a. dann, wenn die zugrundeliegende Altaktie ein hohes Kurs-Gewinn-Verhältnis aufweist.

Als letzte wichtige Kennzahl zur Analyse der Kapitalstruktur ist das Kreditorenziel (Lieferantenziel) oder auch „Days Payables Outstanding" (DPO) zu betrachten, welches Aufschluss über die Zahlungsmoral der Gesellschaft gibt.

$$Kreditorenziel = \frac{durchschnittlicher\ Bestand\ an\ Warenschulden}{Wareneingang} \times 365 ^{[49]}$$

Der Warenschuldenbestand setzt sich dabei auf der einen Seite aus den „Verbindlichkeiten aus Lieferungen und Leistungen"[50] sowie auf der anderen Seite aus den „Verbindlichkeiten aus der Annahme gezogener Wechsel und der Ausstellung eigener Wechsel"[51] zusammen. Der Divisor des Lieferantenziels wird aus den Aufwendungen für Roh-, Hilfs- und Betriebsstoffe und der Veränderung des Bestands der RHBs gebildet. Mit dem DPO kann die durchschnittliche Zeit in Tagen ermittelt werden, in der das Unternehmen den Lieferanten bezahlt. Befindet man sich während der Jahresabschlussanalyse innerhalb eines Konzernunternehmens sind alle

---

[47] Vgl. §272 Abs.1 S.1 HGB, unter: https://www.gesetze-im-internet.de/hgb/__272.html
[48] Vgl. Küting/Weber, 2009, S. 139
[49] Vgl. Wöltje, 2015, S. 214
[50] Vgl. §266 Abs. 3 C. 4. HGB
[51] Vgl. §266 Abs. 3 C. 5. HGB

IC-Verbindlichkeiten herauszurechnen, da die inner- und zwischenbetrieblichen Leistungen nicht betrachtet werden.[52]

2.2.4 Auswirkung der Finanzierungsanalyse auf Anlageentscheidungen

Die Finanzierungsanalyse gibt dem potenziellen Investor Aufschluss über die Kapitalstruktur des Unternehmens und kann ihn in seiner Entscheidung beeinflussen. Essenziell für die Beschaffung neuen Kapitals ist die Zahlungsfähigkeit eines Unternehmens. Die Eigenkapitalquote des analysierten Unternehmens zeigt, wie hoch das Eigenkapital am Gesamtkapital ist. Je höher die Eigenkapitalquote ausfällt, desto unabhängiger und kreditwürdiger ist das Unternehmen gegenüber Banken. Weist die Gesellschaft ein hohes Eigenkapital auf, ist diese auch finanziell stabiler, wodurch das Beschaffen von Fremdkapital durch Banken als „Investor" einfacher fällt. Liegt die Gesamtkapitalrentabilität aber über dem Fremdkapitalzins, ist es sinnvoller, mehr Fremdkapital als Eigenkapital im Unternehmen zu halten, da die Eigenkapitalrentabilität durch den im dazugehörigen Kapitel beschriebenen „Leverage-Effekt" ansteigt. Eine hohe Eigenkapitalrentabilität ist sehr interessant für einen privaten Kapitalanleger, der sich am Unternehmen beteiligen möchte. Zudem kann der Bilanzkurs mit dem Kurs an der Börse verglichen werden, was den Ertragswert des Unternehmens an der Börse widerspiegelt. Eine weitere wichtige Kennzahl für einen potenziellen Kapitalanleger ist das Kreditorenziel, d. h. die Zahlungsmoral der Gesellschaft. Je höher das Kreditorenziel ausfällt, desto langsamer kommt das Unternehmen seinen Zahlungsverpflichtungen nach und desto schlechter ist seine Finanzlage. Alles in allem wird sich der jeweilige Kapitalanleger mit der Kapitalstruktur des Unternehmens auseinandersetzen, bevor er darin investiert, da die vorgefundene Kapitalstruktur zu unterschiedlichen Entscheidungen führen kann.

2.3 Liquiditätsanalyse

Die Liquiditätsanalyse dient der Untersuchung des Zusammenhangs von Investition und Finanzierung. „Unter dem Begriff „Liquidität" versteht man die Fähigkeit eines Unternehmens, seinen Zahlungsverpflichtungen zu jedem Zeitpunkt uneingeschränkt nachzukommen."[53] Dies kann davon abhängig gemacht werden,

---

[52] Vgl. Bilanzpolitik und Jahresabschlussanalyse, S. 35, unter: https://www.boeckler.de/pdf/mbf_bilanzpolitik_ja-analyse_gesamt.pdf
[53] Vgl. Wöltje, 2015, S. 215

inwieweit das Zahlungspotenzial zur Zahlungsverpflichtung abgestimmt ist. Bei der Liquiditätsanalyse kann das Augenmerk auf zwei verschiedene Fragen gelegt werden. Auf der einen Seite stellt sich die Frage, welche Mittel für eine mögliche Schuldentilgung zur Verfügung stehen, wenn die Gesellschaft aufgrund einer Zahlungsunfähigkeit liquidiert wird. Dieser Gesichtspunkt wird auch als Liquidation beschrieben, jedoch sind die Informationen, die zur Beantwortung der Frage dienen, nicht im Jahresabschluss enthalten, da dieser nach dem „going concern"-Prinzip erstellt wird. Somit fällt das Hauptaugenmerk auf die zweite Frage, nämlich auf die Höhe der Wahrscheinlichkeit, dass es überhaupt zu einer Zahlungsunfähigkeit kommt. Hierbei spielt der Gesichtspunkt der Unternehmensfortführung („going concern"-Prinzip) eine übergeordnete Rolle, da die Informationen des Jahresabschlusses darauf basieren. Nun müssen Informationen gesucht werden, die Aussagen über das finanzielle Risiko der Unternehmensfortführung geben. Je nach Art der zur Verfügung stehenden Daten lassen sich zwei Vorgehensweisen herauskristallisieren. Im folgenden Abschnitt werden die statische und dynamische Liquiditätsanalyse genauer beleuchtet.[54]

2.3.1 Liquiditätsanalyse auf Basis von Bestandsgrößen

Die Basis der statischen Liquiditätsanalyse bilden die Bestandsgrößen der Aktiv- und Passivseite. Bei den vorliegenden Bestandsgrößen wird analysiert, ob die Überlassungs- und Bindungsfristen in einem angemessen Verhältnis zueinander stehen, da einige Kapitalanteile nur befristet zur Verfügung stehen. Es wird versucht, die Höhe aller künftigen Einnahmen und Ausgaben sowie wann diese zeitlich anfallen, zu ermitteln.

2.3.1.1 Grundsatz der Fristenkongruenz

Die Aktivseite der Bilanz soll bei der statischen Liquiditätsanalyse die erwarteten künftigen Einnahmen symbolisieren. Je länger ein Posten des Vermögens gebunden ist, desto später wird auch die Einnahme erwirtschaftet. Auf der Gegenseite stehen die passivierten Posten, die die erwarteten künftigen Ausgaben widerspiegeln. Je länger das Kapital innerhalb des Eigen- bzw. Fremdkapitals gebunden ist, desto später erfolgt die Ausgabe. Somit ergibt sich der Grundsatz der Fristenkongruenz,

---

[54] Vgl. Coenenberg, 2016, S. 1082 f.

welcher beschreibt, dass die Kapitalbindungsdauer den Kapitalüberlassungszeitraum nicht überschreiten darf.

$$\frac{Langfristiges\ Vermögen}{Langfristiges\ Kapital} < 1;\ \frac{Kurzfristiges\ Vermögen}{Kurzfristiges\ Kapital} > 1^{55}$$

Das größte Problem beim Grundsatz der Fristenkongruenz ist, dass die Frage gestellt werden muss, ob die Bilanzpositionen die zukünftigen Einnahmen und Ausgaben sowohl termin- als auch betragsgenau widerspiegeln. Betrachtet man das Problem genauer, kommt man zum Entschluss, dass eine Überprüfung des Grundsatzes der durch die Bilanz gewonnenen Informationen nicht möglich ist, da die Fristigkeitsabstufungen beim Vermögen und Kapital dies nicht zulassen. Somit greift man auf die goldene Bilanzregel zurück, welche „besagt, dass langfristig gebundenes Vermögen mit langfristigem Kapital finanziert werden muss und kurzfristig gebundenes Vermögen mit kurzfristigem Kapital finanziert werden darf."[56]

Damit bleibt die Aussagefähigkeit der bestandsorientierten Liquiditätsanalyse etwas auf der Strecke, jedoch dient diese trotzdem als Ausgangsbasis für die kommende Periode, wodurch gewisse Tendenzen festgestellt werden können. Außerdem dient die Einhaltung der Analyse als Prämisse für das Aufrechterhalten der Liquidität.

2.3.1.2 Kennzahlen zur bestandsorientierten Liquiditätsanalyse

Bei der Analyse der bestandsorientierten Liquiditätssituation des Unternehmens wird zwischen lang- und mittelfristigen Kennzahlen sowie kurzfristigen Liquiditätskennzahlen unterschieden. Für die lang- und mittelfristigen Kennzahlen werden grundsätzlich verschiedene Stufen an Deckungsgraden berechnet.

$$Deckungsgrad\ A = \frac{Eigenkapital}{Anlagevermögen} \times 100^{57}$$

Der Deckungsgrad A zeigt auf, inwieweit das zur Verfügung stehende Eigenkapital das Anlagevermögen decken kann und eine fristenkongruente Finanzierung gemäß goldener Bilanzregel gewährleistet ist. Außerdem gibt die Kennzahl Auskunft über die Bonität des Unternehmens. Jedes Unternehmen sollte einen Mindestwert

---

[55] Vgl. Coenenberg, 2016, S. 1084
[56] Vgl. Küting/Weber, 2009, S. 149
[57] Vgl. Wöltje, 2015, S. 217

von 100% anstreben, da dann das Anlagevermögen durch das Eigenkapital abgedeckt ist. Der Deckungsgrad A lässt sich durch das langfristige Fremdkapital erweitern.

$$Deckungsgrad\ B = \frac{Eigenkapital + langfristiges\ Fremdkapital}{Amlagevermögen} \times 100 \text{[58]}$$

Hierbei wird dem Anlagevermögen das gesamte langfristige Kapital gegenübergestellt. Auch hier sollte aufgrund der goldenen Bilanzregel im erweiterten Sinne mindestens ein Wert von 100% erreicht werden, da die Finanzierung ansonsten nicht optimal läuft. Je höher der Wert der Anlagendeckung, desto gefestigter ist die Finanzierung. Sollte das Anlagevermögen hundertprozentig gedeckt sein, finanziert der Anteil, der die Deckung übersteigt, das Umlaufvermögen mit.

Zur Beurteilung der kurzfristigen Liquiditätssituation im Unternehmen werden Liquiditätsgrade gebildet. Die drei verschiedenen Grade unterscheiden sich aufgrund der Fristigkeit ihrer verwendeten Aktiv- und Passivposten. Durch die Liquiditätsgrade kann ermittelt werden, ob die kurzfristigen Verbindlichkeiten mithilfe des Zahlungsmittelbestandes und anderen kurzfristigen Mitteln in ihrer Höhe und Fälligkeit gedeckt werden können. Eine Überwachung der Liquidität ist dringend notwendig, um das finanzielle Gleichgewicht im Unternehmen kontinuierlich aufrechtzuerhalten. Praxisnah finden die Grade oftmals Verwendung bei Banken, die damit die Bonität des Unternehmens prüfen.

$$Liquidität\ 1.\ Grades = \frac{liquide\ Mittel}{kurzfristiges\ Fremdkapital} \text{[59]}$$

Je größer die Liquidität ersten Grades ausfällt, desto liquider ist das Unternehmen. Diese wird auch als Barliquidität bezeichnet und sollte einen Wert von 0,2 nicht unterschreiten.

$$Liquididtät\ 2.\ Grades = \frac{monetäres\ Umlaufvermögen}{kurzfristiges\ Fremdkapital} \text{[60]}$$

Bei der Liquidität zweiten Grades werden neben den liquiden Mitteln auch die kurzfristigen Forderungen mit einbezogen, wodurch die Aussagekraft im

---

[58] Vgl. Wöltje, 2015, S. 217
[59] Vgl. Coenenberg, 2016, S. 1086
[60] Vgl. Coenenberg, 2016, S. 1086

Gegensatz zum ersten Grad ansteigt, da dem Unternehmen die kurzfristigen Forderungen bei Problemen mit der Liquidität zusätzlich zur Verfügung stehen. Hier sollte ein Wert von Eins angestrebt werden.

$$Liquidität\ 3.\ Grades = \frac{monetäres\ Umlaufvermögen + Vorräte}{kurzfristiges\ Fremdkapital}\ [61]$$

Die Liquidität dritten Grades sollte den Wert von Eins auf jeden Fall übersteigen, wobei ein Wert von über 1,5 angestrebt wird. Prinzipiell ist zu sagen, je höher der Wert des Liquiditätsgrades, desto besser ist auch die Liquidität des vorliegenden Unternehmens. Der dritte Grad lässt sich auch in Form des Working Capitals abbilden. Das Working Capital zeigt auf, inwiefern das kurzfristig gebundene Umlaufvermögen das kurzfristige Fremdkapital deckt.

$$Working\ Capital = Umlaufvermögen - kurzfristiges\ Fremdkapital\ [62]$$

Somit lässt sich durch das Working Capital das Nettoumlaufvermögen berechnen. Je höher dieses ausfällt, desto besser ist die zukünftige Liquiditätssituation des Unternehmens.

2.3.2 Liquiditätsanalyse auf Basis von Stromgrößen

Im Gegensatz zur bestandsorientierten Liquiditätsanalyse findet bei der dynamischen Analyse keine Momentaufnahme der Situation der Finanzmittel und Schulden am Bilanzstichtag statt. Das Hauptaugenmerk fällt hierbei eher auf die Mittelherkunft und -verwendung. Die stromgrößenorientierte Analyse gibt Auskunft darüber, welche finanziellen Mittel erwirtschaftet und wie diese verwendet wurden. Somit liegt der wesentliche Unterschied in der zeitlichen Betrachtung der Daten. Während bei der statischen Analyse die Betrachtung der gegenwärtigen Lage versucht, Aufschluss über künftige Zahlungsströme zu geben, werden bei der dynamischen Analyse vergangene Zahlungsströme betrachtet.

In den folgenden Abschnitten wird die dynamische Liquiditätsanalyse mithilfe verschiedener Ansätze erörtert. Die Ansätze gliedern sich in Cashflow-Analyse, Kapitalflussrechnung und den Einbezug der Erfolgsrechnung.

---

[61] Vgl. Coenenberg, 2016, S. 1086
[62] Vgl. Wöltje, 2015, S. 215

2.3.2.1 Dynamische Liquiditätsrechnung unter Einbezug der Erfolgsrechnung

Um sich vorerst von der statischen Liquiditätsrechnung abzugrenzen, können den Platz der Bestandsgrößen zahlungsnahe Aufwendungen bzw. Erträge einnehmen. Dies kann durch die Kennzahl „Defensive Interval Ratio" ausgedrückt werden. Jedoch werden die zukünftigen Aufwendungen hierbei durch die gegenwärtigen operativen Aufwendungen gemessen, welche sich in die Herstellungskosten des Umsatzes („cost of goods sold"), Verwaltungskosten sowie Forschungs- und Entwicklungskosten (F&E) gliedern.

$$Defensive\ Interval\ Ratio = \frac{Monetäres\ Umlaufvermögen}{(\frac{COGS + Verwaltungskosten + F\&E}{365})}\ [63]$$

Mithilfe des „Defensive Interval Ratio" kann man die Anzahl der Tage ermitteln, in denen das monetäre Umlaufvermögen die operativen Aufwendungen deckt. Das monetäre Umlaufvermögen entspricht hierbei den Vermögenswerten der Liquidität zweiten Grades der bestandsorientierten Liquiditätsanalyse. Je höher der Wert der Kennzahl ausfällt, desto besser ist die Liquidität des Unternehmens zu bewerten.

Zieht man die Umsatzerlöse zur zahlungsorientierten Schätzung heran, so dienen die Umschlagskoeffizienten als Grundlage für die künftigen Zahlungsströme. Die Eintrittsdauer der Umschlagskoeffizienten kann durch die Umschlagsdauer bestimmt werden. Durch den Liquiditätskreislauf, oder auch „cash conversation cycle", lässt sich die durchschnittliche Zeit ermitteln, in der die eingesetzten Mittel für das operative Geschäft des Unternehmens durch die Umsatzrealisierung wieder gewonnen werden können. Somit kann diese Kennzahl Aufschluss über die Liquiditätssituation im Unternehmen geben.

Liquiditätskreislauf

$$= Vorratsumschlagsdauer + Kundenziel - Lieferantenziel\ [64]$$

Je kleiner der Wert des Liquiditätskreislaufes ausfällt, desto effizienter ist das „Working Capital"-Management des Unternehmens und damit auch, wie bereits erörtert, die zukünftige Liquiditätssituation. Weist ein Unternehmen kein Fremdkapital in seinem Gesamtkapital auf, sind die Längen der Zeitdauer des operativen

---

[63] Vgl. Coenenberg, 2016, S. 1090
[64] Vgl. Krause/Arora, Controlling-Kennzahlen – Key Perfomance Indicators, 2010, S. 106

und des Liquiditätskreislaufes entsprechend zueinander. Kann die Dauer der Summe aus der Vorratsumschlagsdauer und dem Kundenziel die Dauer des Lieferantenziels nicht decken, ergibt sich ein negativer Liquiditätskreislauf. Dies kann geschehen, wenn ein Unternehmen ein effizientes Forderungsmanagement betreibt oder just-in-time-Lieferungen absolviert.

2.3.2.2 Cashflow-Analyse

„Der Cashflow, als absolute Kennzahl, wird zur Beurteilung der Finanzkraft bzw. Innenfinanzierungskraft eines Unternehmens herangezogen. Er kann bei der Finanzierung von neuen Anlageinvestitionen zur Schuldentilgung, für Dividendenzahlungen oder Steuerzahlungen herangezogen werden."[65] Grundlegend lässt sich der Cashflow in der Kapitalflussrechnung in drei Teilbereiche aufgliedern. Es gibt den operativen Cashflow, der aus der laufenden Geschäftstätigkeit ermittelt wird. Des Weiteren lässt sich der Cashflow in den Investitions-Cashflow untergliedern, welcher die Mittelabflüsse für Investitionen den Mittelzuflüssen für Desinvestitionen gegenüberstellt. Im Normalfall fällt der Investitions-Cashflow negativ aus, sobald das Unternehmen regelmäßig in neue Anlagen oder Ähnliches investiert. Der dritte Bereich, in den sich der Cashflow aufspalten lässt, umfasst den Finanzierungsbereich. Nimmt ein Unternehmen beispielsweise ein Darlehen auf oder tilgt dieses, erzielt die Gesellschaft aus dieser Tätigkeit Mittelzuflüsse oder Mittelabflüsse. Wird der operative, Investitions- und Finanzierungs-Cashflow summiert, gelangt man zur Veränderung des Finanzmittelbestandes.

Veränderung des Finanzmittelfonds
= Operativer Cashflow + Investitionscashflow
+ Finanzierungscashflow[66]

Der Investitions- und Finanzierungs-Cashflow lassen sich beide über die laufenden Zahlungen des jeweiligen Bereichs ermitteln. Der operative Cashflow hingegen wird meist aus den Informationen der Buchhaltung bestimmt.

Der Cashflow lässt sich außerdem noch in Netto- und Brutto-Cashflow unterscheiden. Der Netto-Cashflow wird jedoch erst unter dem Punkt der Kapitalflussrechnung erörtert, da dieser nur ermittelt wird, wenn der Jahresabschluss auf Basis der

---

[65] Vgl. Wöltje, 2015, S. 216
[66] Vgl. Normann, T.: Die klassische Bilanzanalyse – Teil 3, unter: https://www.iww.de/bbp/archiv/musterfall-die-klassische-bilanzanalyse--teil-3-f23744

internationalen Standards aufgestellt wurde und eine Kapitalflussrechnung enthalten muss. Der Brutto-Cashflow wird durch die Differenz von einnahmewirksamen Erträgen und ausgabewirksamen Aufwendungen berechnet. Da eine Veränderung des Nettoumlaufvermögens nur den Finanzmittelfond betrifft, und nicht wie beim Netto-Cashflow Teil des operativen Cashflows ist, spricht man beim Brutto-Cashflow wegen seiner Erfolgsnähe auch von Ertrags-Cashflow. Dieser findet auch sehr häufig praktische Anwendung, da er sich relativ einfach aus den Informationen des zugrundeliegenden Jahresabschlusses ermitteln lässt. Zudem ist er sehr resistent gegen kurzfristige Zahlungsverschiebungen, da er den Durchschnittswert mehrerer Perioden widergibt.

Der Cashflow lässt sich auf zwei Weisen berechnen, die sich in direkt und indirekt gliedern. Bei der direkten Methode werden die ausgabewirksamen Aufwendungen von den einnahmewirksamen Erträgen abgezogen.

$$Cashflow = einzahlungswirksame\ Erträge$$
$$- auszahlungswirksame\ Aufwendungen^{67}$$

Die direkte Methode findet häufig Anwendung, wenn die GuV mithilfe des Gesamtkostenverfahrens erstellt wurde. Wurde die GuV hingegen mit dem Umsatzkostenverfahren erstellt, wird auf die indirekte Methode zurückgegriffen, da die auszahlungswirksamen Aufwendungen durch die Funktionskostengliederung nicht isoliert werden können.

$$Cashflow = Jahresüberschuss - ausgabeunwirksame\ Aufwendungen$$
$$+ einnahmeunwirksame\ Erträge^{68}$$

Bei der indirekten Methode wird der Jahresüberschuss mit den unwirksamen Aufwendungen bzw. Erträgen verrechnet.

Wie bereits in der Begriffsdefinition des Cashflows beschrieben, dient dieser der Innenfinanzierungskraft. Diese lässt sich mithilfe einer der zwei nachfolgenden Kennzahlen gewichten:

---

[67] Vgl. Wöltje, 2015, S. 216
[68] Vgl. Coenenberg, 2016, S. 1091

$$Investitionsdeckung = \frac{Cashflow}{Nettoinvestitionen\ in\ Anlagevermögen}\ [69]$$

Die zweite Kennzahl zur Berechnung der Innenfinanzierungskraft ist der Investitionsgrad, der sich aus dem reziproken Wert der Investitionsdeckung ergibt. Je höher die Investitionsdeckung ausfällt, desto besser ist die finanzielle Situation im Unternehmen zu beurteilen. Ergibt sich beispielsweise eine Investitionsdeckung von 120%, können alle Investitionen des Anlagevermögens gedeckt werden und zudem besteht die Möglichkeit, mit den verbleibenden 20% des Cashflows weiter effizient zu wirtschaften.

Neben der Funktion zur Analyse der Innenfinanzierungskraft dient der Cashflow zur Ermittlung der Verschuldungsfähigkeit, da Verbindlichkeiten bzw. Schulden nur durch eigens erwirtschaftete Mittel beglichen werden können. Dies geschieht aber aufgrund des Gleichbleibens oder Wachsens der aufgenommenen Verbindlichkeiten nur selten, denn sonst könnte ein Unternehmen heutzutage nur sehr schwer expandieren.

$$Dynamischer\ Verschuldungsgrad = \frac{Effektivverschuldung}{Cashflow}\ [70]$$

Mithilfe des dynamischen Verschuldungsgrads kann ein Wert in Jahren ermittelt werden, der die Zeit angibt, in der alle Effektiv- bzw. Finanzschulden durch den selbst erwirtschafteten Cashflow getilgt werden.

Der Cashflow wird außerdem noch öfters für erfolgswirtschaftliche Analysezwecke benutzt. Sinkt der Cashflow beispielsweise bei Unternehmen XY, während der Jahresüberschuss steigt, kann es sein, dass das Unternehmen gar nicht erfolgreich war, da es Abschreibungs- oder Rückstellungsbemessungen zu niedrig angesetzt hat, um mehr Erfolg auszuweisen. Steigt der Cashflow, obwohl der Jahresüberschuss sinkt, konstant bleibt oder nur wenig ansteigt, kann dies auf stille Reserven hinweisen, d. h. das Unternehmen war möglicherweise erfolgreicher, als es das Ergebnis des Jahresüberschusses zeigt. Allgemein kann man sagen, je höher der Cashflow ausfällt, desto besser sind die finanziellen Möglichkeiten und Spielräume des Unternehmens.

---

[69] Vgl. Coenenberg, 2016, S. 1095
[70] Vgl. Küting/Weber, 2009, S. 167

Möchte man die Effizienz des Cashflows zur Analyse der Liquiditätslage eines Unternehmens erhöhen, muss man diesen mit bestimmten Kennzahlen in Verbindung bringen. So kann die Cashflow-Umsatzrate Aufschluss darüber geben, welcher prozentuale Anteil des erwirtschafteten Umsatzes verfügbar ist, um das Unternehmen selbst zu finanzieren oder Schulden zu tilgen.

$$Cashflow - Umsatzrate = \frac{Cashflow}{Umsatz} \times 100 ^{[71]}$$

Je höher der Wert der Cashflow-Umsatzrate ausfällt, desto besser ist der Überschuss der Periode zu bewerten.[72]

2.3.2.3 Kapitalflussrechnung

„Die gesetzlichen Vertreter einer kapitalmarktorientierten Kapitalgesellschaft, die nicht zur Aufstellung eines Konzernabschlusses verpflichtet ist, haben den Jahresabschluss um eine Kapitalflussrechnung [...] zu erweitern, die mit der Bilanz, Gewinn- und Verlustrechnung und dem Anhang eine Einheit bilden[.]"[73]

Somit ist die Kapitalflussrechnung, auch Finanzflussrechnung oder Zeitraumbilanz genannt, ein wesentlicher Bestandteil der Jahresabschlussanalyse. Die Kapitalflussrechnung bildet die Herkunft und Verwendung verschiedener liquiditätswirksamer Mittel, gegliedert nach unterschiedlichen Kriterien, ab. Während sich die Bilanz als eine zeitpunktorientierte Bestandsrechnung und die Gewinn- und Verlustrechnung als eine Zeitraumrechnung, die nur erfolgswirksame Vorgänge darstellt, erweist, zeigt die Kapitalflussrechnung alle Zahlungsströme eines Geschäftsjahres auf. Sie soll auch ersichtlich machen, wie das Unternehmen Finanzmittel erwirtschaftet hat und welche Investitions- und Finanzierungsabwicklungen dafür verantwortlich waren. Des Weiteren gibt sie Aufschluss darüber, wie ein möglicher Jahresüberschuss verwendet wurde und inwiefern der Jahresüberschuss für getätigte Investitionen genutzt wurde. Zudem wird sichtbar, wie Außenstände, die möglicherweise erweitert wurden, finanziert worden sind. Dadurch lassen sich sehr einfach zukünftige Bonitätsprobleme des Unternehmens und Tilgungsprobleme der Verbindlichkeiten sowie deren Zinsen erkennen. Dies ist v. a. auch für externe Analysten, wie Banken und Kapitalanleger, von Interesse, da die

---

[71] Vgl. Graumann, Controlling, 2014, S. 618
[72] Vgl. Wöltje, 2015, S. 217
[73] Vgl. §264 Abs.1 S.2 HGB, unter: https://www.gesetze-im-internet.de/hgb/__264.html

Kapitalflussrechnung als Informations- und Entscheidungsgrundlage dient und daran relativ schnell zu sehen ist, ob ein Unternehmen kreditwürdig ist und bleibt oder nicht. Neben der externen Relevanz besitzt die Finanzflussrechnung auch unternehmensinterne Relevanz. Im unternehmensinternen Prozess dient sie als Steuerungsinstrument für die Geschäftsführung und das Finanzcontrolling zur Liquiditätsanalyse und -planung. Somit besteht neben der retrospektiven Betrachtung der vergangenen Periode auch eine prospektive, da für kommende Perioden geplant wird. Die in der Praxis am häufigsten angewendete Methode der Kapitalflussrechnung ist die indirekte Berechnung, auch derivative Methode genannt. Bei der derivativen Methode wird mithilfe einer Überleitungsrechnung vom Gewinn auf den operativen Cashflow geschlossen. Der Jahresüberschuss/-fehlbetrag ergibt sich dabei aus der Differenz von den Erträgen und den Aufwendungen. Um anschließend zum operativen Cashflow zu gelangen, müssen alle zahlungsunähnlichen Aufwendungen, wie Abschreibungen auf das Anlagevermögen, hinzugerechnet und alle zahlungsunähnlichen Erträge, wie Zuschreibungen auf das Anlagevermögen, abgezogen werden. Der erste Schritt bei der Kapitalflussrechnung ist die Saldierung zweier Bilanzen, um zwei unterschiedliche Zeitpunkte an Vermögens- und Kapitalbeständen zu erhalten.[74]

---

[74] Vgl. Heinrich, Beispiel einer Kapitalflussrechnung – Aussagefähigkeit, unter: https://rsw.beck.de/cms/?toc=BC.980&docid=81762

Finanzwirtschaftliche Jahresabschlussanalyse

1.		Periodenergebnis (Konzernjahresüberschuss/-fehlbetrag einschließlich Ergebnisanteile anderer Gesellschafter)
2.	+/−	Abschreibungen, Wertberichtigungen/Zuschreibungen auf Forderungen und Gegenstände des Anlagevermögens
3.	+/−	Zunahme/Abnahme der Rückstellungen
4.	+/−	Andere zahlungsunwirksame Aufwendungen/Erträge
5.	−/+	Gewinn/Verlust aus der Veräußerung von Gegenständen des Anlagevermögens
6.	−/+	Sonstige Anpassungen (Saldo)
7.	−/+	Zunahme/Abnahme der Forderungen an Kreditinstitute
8.	−/+	Zunahme/Abnahme der Forderungen an Kunden
9.	−/+	Zunahme/Abnahme der Wertpapiere (soweit nicht Finanzanlagen)
10.	−/+	Zunahme/Abnahme anderer Aktiva aus laufender Geschäftstätigkeit
11.	+/−	Zunahme/Abnahme der Verbindlichkeiten gegenüber Kreditinstituten
12.	+/−	Zunahme/Abnahme der Verbindlichkeiten gegenüber Kunden
13.	+/−	Zunahme/Abnahme verbriefter Verbindlichkeiten
14.	+/−	Zunahme/Abnahme anderer Passiva aus laufender Geschäftstätigkeit
15.	+/−	Zinsaufwendungen/Zinserträge
16.	+/−	Aufwendungen/Erträge aus außerordentlichen Posten
17.	+/−	Ertragsteueraufwand/-ertrag
18.	+	Erhaltene Zinszahlungen und Dividendenzahlungen
19.	−	Gezahlte Zinsen
20.	+	Außerordentliche Einzahlungen
21.	−	Außerordentliche Auszahlungen
22.	−/+	Ertragsteuerzahlungen
23.	=	**Cashflow aus der laufenden Geschäftstätigkeit (Summe aus 1 bis 22)**
24.	+	Einzahlungen aus Abgängen des Finanzanlagevermögens
25.	−	Auszahlungen für Investitionen in das Finanzanlagevermögens
26.	+	Einzahlungen aus Abgängen des Sachanlagevermögens
27.	−	Auszahlungen für Investitionen in das Sachanlagevermögen
28.	+	Einzahlungen aus Abgängen des immateriellen Anlagevermögens
29.	−	Auszahlungen für Investitionen in das immaterielle Anlagevermögen
30.	+	Einzahlungen aus Abgängen aus dem Konsolidierungskreis
31.	−	Auszahlungen für Zugänge zum Konsolidierungskreis
32.	+/−	Mittelveränderungen aus sonstiger Investitionstätigkeit (Saldo)
33.	+	Einzahlungen aus außerordentlichen Posten

34.	–	Auszahlungen aus außerordentlichen Posten
35.	=	**Cashflow aus der Investitionstätigkeit (Summe aus 24 bis 34)**
36.	+	Einzahlungen aus Eigenkapitalzuführungen von Gesellschaftern des Mutterunternehmens
37.	+	Einzahlungen aus Eigenkapitalzuführungen von anderen Gesellschaftern
38.	–	Auszahlungen aus Eigenkapitalherabsetzungen an Gesellschafter des Mutterunternehmens
39.	–	Auszahlungen aus Eigenkapitalherabsetzungen an andere Gesellschafter
40.	+	Einzahlungen aus außerordentlichen Posten
41.	–	Auszahlungen aus außerordentlichen Posten
42.	–	Gezahlte Dividenden an Gesellschafter des Mutterunternehmens
43.	–	Gezahlte Dividenden an andere Gesellschafter
44.	+/–	Mittelveränderungen aus sonstigem Kapital (Saldo)
45.	=	**Cashflow aus der Finanzierungstätigkeit (Summe aus 36 bis 44)**
46.		Zahlungswirksame Veränderungen des Finanzmittelfonds (Summe aus 23, 35, 45)
47.	+/–	Wechselkurs- und bewertungsbedingte Änderungen des Finanzmittelfonds
48.	+/–	Konsolidierungskreisbedingte Änderungen des Finanzmittelfonds
49.	+	Finanzmittelfonds am Anfang der Periode
50.	=	**Finanzmittelfonds am Ende der Periode (Summe aus 46 bis 49)**

Abbildung 3: Gliederungsschema der Kapitalflussrechnung der indirekten Methode nach DRS 21[75]

Genau wie die Jahresbilanz eines Unternehmens besitzt die Kapitalflussrechnung eine Steuerungs-, Kontroll- sowie Dokumentationsfunktion. Aus der Finanzflussrechnung wird ersichtlich, ob eine getätigte Investition mithilfe des erwirtschafteten Umsatzes finanziert wurde. Außerdem werden die Ursachen und Quellen transparent offengelegt, sollte sich der Bestand der liquiden Mittel verändert haben. Wird die Kapitalflussrechnung nicht vom Unternehmen selbst erstellt, sondern von externen Analysten, besteht das Problem, dass die Kontenbewegungen, die zur Veränderung des Bestands geführt haben, nur teilweise aus dem Anlagespiegel ersichtlich sind. Werden langfristige Ausleihungen oder Verbindlichkeiten ab- oder aufgewertet, kann das zu Verschiebungen zwischen dem operativen und dem Finanzierungs-Cashflow kommen. Um solchen Verzerrungen entgegenzuwirken, sollte ein Unternehmen derartige Bewertungsänderungen bei der Erstellung der Kapitalflussrechnung berücksichtigen oder für die Erstellung durch externe Analysten offenlegen.

---

[75] Vgl. Deutscher Rechnungslegungsstandard Nr. 21 (DRS 21), unter: https://www.drsc.de/app/uploads/2017/02/140219_DRS_21_near-final.pdf

2.3.3 Auswirkung der Liquiditätsanalyse auf Anlageentscheidungen

Wie in der Begriffserklärung bereits beschrieben, zeigt die Liquidität auf, inwieweit ein Unternehmen seinen Zahlungsverpflichtungen in Höhe und Fälligkeit nachkommen kann. Gerade für den potenziellen Kapitalanleger ist diese Information von immenser Bedeutung, da der Investor mit großer Wahrscheinlichkeit nicht in ein Unternehmen investiert, das regelmäßig Zahlungsverpflichtungen jeglicher Art nicht einhalten kann. Daher sind Kennzahlen, die die Bonität des analysierten Unternehmens aufzeigen, wichtig für die potenzielle Anlageentscheidung. Bonitätsorientierte Kennzahlen sind beispielsweise die Deckungsgrade, welche aussagen, inwieweit das Anlagevermögen mit dem zur Verfügung stehenden Kapital gedeckt wird. Außerdem werden häufig die Liquiditätsgrade herangezogen, um zu beurteilen, ob das Unternehmen den Zahlungsverpflichtungen mit seinem Zahlungsmittelbestand sowie anderen kurzfristigen Mitteln nachkommen kann. Vor allem Banken machen von den Liquiditätsgraden Gebrauch, um die aktuelle Liquiditätssituation des Unternehmens zu durchleuchten. Kann das Unternehmen bereits in seiner aktuellen Situation seinen Zahlungsverpflichtungen gegenüber anderen Banken oder Ähnlichem nicht nachkommen, wird die Bank, die das Unternehmen analysiert, keine Investition tätigen. Auch der private Investor wird von dem Unternehmen abgeschreckt, weist dieses eine schlechte Liquiditätslage auf. Die zukünftige Liquiditätssituation kann durch das Working Capital ausgedrückt werden. Je höher das Nettoumlaufvermögen ist, desto besser die zukünftige Lage der Gesellschaft. Des Weiteren kann der Liquiditätskreislauf eines Unternehmens die zukünftige Liquiditätssituation beurteilen, da er ermittelt, wann die eingesetzten Mittel durch die Umsatzrealisierung wiedergewonnen werden. Besonders wichtig für den potenziellen Kapitalanleger sind die Cashflow- sowie Kapitalflussrechnung. Beide Rechnungen zeigen die Finanz- und Innenfinanzierungskraft eines Unternehmens auf. Gerade bei der Analyse von Kapitalgesellschaften spielt die Kapitalflussrechnung eine übergeordnete Rolle. Die Finanzflussrechnung kann die Frage beantworten, ob eine getätigte Investition mithilfe des erwirtschafteten Umsatzes finanziert werden kann. Demzufolge können Aussagen über mögliche zukünftige Bonitäts- und Tilgungsprobleme getroffen werden. Die Kapitalflussrechnung dient dem Investor somit als essenzielle Informations- und Entscheidungsgrundlage, da damit sichtbar wird, ob das Unternehmen kreditwürdig ist und bleibt oder nicht. Ist und bleibt die Gesellschaft nicht kreditwürdig, wird der Kapitalanleger nicht investieren.

3 Erfolgswirtschaftliche Jahresabschlussanalyse

Um eine adäquate Analyse zu gewährleisten, kann neben der finanzwirtschaftlichen Betrachtung eines Unternehmens dieses auch erfolgswirtschaftlich durchleuchtet werden. Als Basis der erfolgswirtschaftlichen Jahresabschlussanalyse dient hierbei der veröffentliche Jahresabschluss. Der Jahresabschluss hat ein „entsprechendes Bild der [...] Ertragslage der Kapitalgesellschaft zu vermitteln."[76] Sollte durch die Einhaltung der Rechnungsvorschriften trotzdem kein den tatsächlichen Verhältnissen entsprechendes Bild gezeigt werden können, müssen besondere Umstände die Ursache dafür sein. Das ergänzende „true and fair view-Prinzip" regelt demnach eine zusätzliche Pflicht der Angabe im Anhang des Unternehmens. Ein weiterer Informationsträger der erfolgswirtschaftlichen Jahresabschlussanalyse neben Bilanz, GuV und Anhang ist der Lagebericht, da dieser zukunftsorientierte Daten enthält. Primäres Ziel der erfolgsorientierten Analyse ist die Gewinnung von Material zur Beurteilung der Ertragskraft eines Unternehmens. Durch die Ertragskraft kann beurteilt werden, ob ein Unternehmen auch in Zukunft fähig sein wird, Erfolge zu erwirtschaften. Somit ergibt sich allgemein eine zukünftige Ausrichtung der Analyse. Es besteht damit auch die Möglichkeit, dem Lagebericht zukunftsorientierte Informationen zu entnehmen, um die Ertragskraft beurteilen zu können. Da der Jahresabschluss eines Unternehmens aber meist nur vergangene Daten der abgelaufenen Periode beinhaltet, muss oftmals von den vergangenen auf die zukünftigen Daten approximativ hochgerechnet werden. Diese Hochrechnung wird in der Praxis auch als Erfolgsprojektion beschrieben. Mithilfe der Ermittlungsfunktion auf der einen Seite und der Erklärungsfunktion auf der anderen Seite können bei der erfolgswirtschaftlichen Analyse mögliche zukünftige Erfolge projiziert werden. Die Ermittlungsfunktion dient dabei als Grundlage der Erfolgsprojektion. Hierbei wird festgestellt, welche vergangenen Erfolge tatsächlich erwirtschaftet wurden. Bei der Erklärungsfunktion wird hingegen untersucht, wie sich die Erfolge zusammengesetzt haben. Außerdem können mit der Erklärungsfunktion die Ursachen analysiert werden, sobald vorgegebene Erfolgsziele unter- bzw. überschritten wurden oder sich die Erfolgsentwicklung verändert hat. Die erfolgswirtschaftliche Analyse gliedert sich in Ergebnis-, Rentabilitäts-, Wertschöpfungs- sowie in die Break-even-Analyse.

---

[76] §264 Abs. 2 HGB, unter: https://www.gesetze-im-internet.de/hgb/__264.html

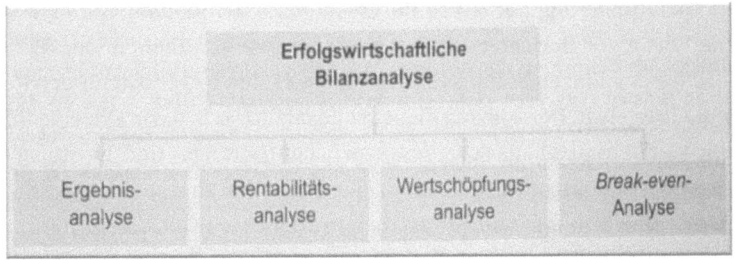

Abbildung 4: Erfolgswirtschaftlice Jahresabschlussanalyse[77]

Die vier Analysen dienen der Erfüllung der Ermittlungs- und Erklärungsaufgabe der erfolgswirtschaftlichen Jahresabschlussanalyse. Da die strategische Analyse des Jahresabschlusses auch eine zukunftsorientierte Charakteristik aufweist, muss diese von der erfolgswirtschaftlichen Betrachtung abgegrenzt werden. Das Hauptmerkmal ist, dass sich bei der erfolgswirtschaftlichen Analyse neben der zukunftsorientierten Betrachtung auch auf die gegenwärtige und vergangene Erfolgslage bezogen wird.[78]

3.1 Ergebnisanalyse

Die Gewinn- und Verlustrechnung bildet das Ergebnis in Höhe und Zusammensetzung eines Unternehmens ab. Somit sollte die erfolgswirtschaftliche Jahresabschlussanalyse mit der Durchleuchtung der Informationen der GuV beginnen. Die Ergebnisanalyse wird nochmals in eine betragsmäßige und eine strukturelle Analyse untergliedert. Während die betragsmäßige Ergebnisanalyse die Differenz zwischen dem ausgewiesenen und dem tatsächlichen Erfolg aufzeigt, wird der ausgewiesene Erfolg bei der strukturellen Ergebnisanalyse in seine Einzelteile zerlegt, um Aussagen über das zukünftige Erfolgspotenzial treffen zu können. Nachfolgend wird die Ergebnisanalyse mit der betragsmäßigen Differenzierung mithilfe verschiedener Komponenten erörtert, da die strukturelle Ergebnisanalyse für diese Bachelorthesis nur eine untergeordnete Rolle spielt.

3.1.1 Auswertung von Informationen des Anhangs

Durch die Berichterstattungspflicht im Anhang kann eine Aussage darüber getroffen werden, ob eine Bildung bzw. Auflösung stiller Reserven zu erwarten ist, jedoch

---

[77] Vgl. Coenenberg, 2016, S. 1108
[78] Vgl. Coenenberg, 2016, S. 1107 f.

ist eine Quantifizierung der stillen Reserven durch den Anhang nur bedingt möglich. Die Pflicht zur Berichterstattung im Anhang ist vor allem in den §§ 284 und 285 HGB für den Einzelabschluss sowie den §§ 313 und 314 HGB für den Konzernabschluss festgelegt. Der Anhang dient grundsätzlich z. B. dazu, einzelne Bilanzpositionen klar darzustellen, Pensionsansprüche, Haftungs- und Eventualverbindlichkeiten sowie Ausschüttungen offenzulegen. Hierbei sind gerade die Erläuterungen zu den Bewertungs- und Ansatzvorschriften essenziell, da die Informationsauswertung des Anhangs ein Teil der betragsmäßigen Ergebnisanalyse darstellt. Allgemein ist zu sagen, dass je stärker ein Unternehmen das Ergebnis durch die Nutzung von Bewertungs- und Ansatzmöglichkeiten mindert, desto höher fällt das Ausmaß der stillen Reserven aus. Mindert ein Unternehmen das Ergebnis schwächer, so fällt auch das Ausmaß der stillen Reserven niedriger aus. Das Ausmaß der stillen Reserven lässt sich jedoch nur mit wenigen Bewertungsoptionen quantifizieren.

```
  Jahresüberschuss
+ Erhöhung (– Minderung) des Unterschiedsbetrages bei Vorrats-
  sammelbewertung in Höhe des Eigenkapitalanteils (Zeile 1.4)
+ Erhöhung (– Minderung) der außerplanmäßigen Abschreibungen im Finanzan-
  lagevermögen auf den niedrigeren beizulegenden Zeitwert (Zeile 1.3) in Höhe
  des Eigenkapitalanteils
+ Erhöhung (– Minderung) eines über (unter) dem Buchwert liegenden fair value
  bei derivativen Finanzinstrumenten (Zeile 1.7)
= bereinigter Jahresüberschuss
```

Abbildung 5: Bereinigter Jahresüberschuss mithilfe der Bewertungswahlrechte des Anhangs[79]

Mithilfe der Unterschiedsbeträge bei Vorräten und den Anzeigepflichten der derivativen Finanzinstrumente kann der Jahresüberschuss, also der Erfolg, bereinigt werden. Somit kann der Erfolg mit den Auswertungen der Informationen des Anhangs detaillierter ausgedrückt werden.

3.1.2 OCI – Other Comprehensive Income: Indikator der Ertragskraft

Der Periodenerfolg des Unternehmens ergibt sich aus den erfolgswirksamen Aufwendungen und Erträgen der GuV. Alle Eigenkapitalveränderungen, die GuV-neutral sind, werden unter der Position OCI erfasst. Hier werden alle Vermögens- und

---

[79] Vgl. Coenenberg, 2016, S. 1113

Schuldenveränderungen einbezogen, die zwar gesamtergebniswirksam sind, jedoch im Sinne der GuV keine Erträge oder Aufwendungen darstellen. Somit ergibt der Saldo aus den sonstigen Eigenkapitalveränderungen, die keine Zahlungsvorgänge mit den Anteilseignern abbilden, das Other Comprehensive Income. Die gebildete Summe zeigt das Ergebnis auf.[80]

Unter der Position OCI befinden sich v. a. Wertänderungen aufgrund von Zeitwertbewertungen, die zwar noch nicht am Markt realisiert wurden, jedoch bereits im Eigenkapital Aufschlag finden. Bilanzanalytisch liegen damit stille Reserven vor, welche im Periodenergebnis noch keine Berücksichtigung gefunden haben. Sie deuten lediglich auf ein potenzielles Ergebnis hin und vermitteln damit Veränderungen der erwarteten Ertragskraft. Die im OCI enthaltenen Beträge besitzen nur dann eine essenzielle Informationskraft für die Ertragslage, wenn der OCI als Zwischenspeicher dient und die Beträge nach Realisation in die GuV aufgenommen werden. Wertänderungen, die auch dann neutral bleiben, wenn sie tatsächlich realisiert wurden, dürfen nicht für die Berechnung der Ertragskraft benutzt werden. Wichtig ist natürlich hierbei auch die Frage, ob und wann die Realisierung stattfindet. Kann der Posten oder die Transaktion aufgrund verschiedenster Ursachen nicht realisiert werden, kann die Position keine stille Reserven oder Lasten aufzeigen. Um den Gewinn bzw. Verlust zu berechnen, werden die einzelnen Komponenten des OCIs auf den Jahresüberschuss bzw. -fehlbetrag der GuV gerechnet. Somit weicht der Gewinn von dem in der GuV ausgewiesenen Erfolg um die Veränderungen des Eigenkapitals des OCIs ab.[81]

3.1.3 Börsen und Bilanzwert

Mithilfe des Vergleichs von Börsen- und Bilanzwert können Aussagen über das Ausmaß der stillen Reserven getroffen werden. Die stillen Reserven können mit folgender Formel ermittelt werden:

$$Stille\ Reserven = Zahl\ der\ Aktien \times (Börsenkurs - Bilanzkurs)[82]$$

---

[80] Vgl. Küting/Weber, 2009, S. 214
[81] Vgl. Höltken, M., Zülch, M.: Das Other Comprehensive Income – Eine vielfach unbeachtete und wenig vergleichbare Größe auf dem deutschen Kapitalmarkt, unter: https://kapitalmarktforschung.info/das-other-comprehensive-income-eine-vielfach-unbeachtete-und-wenig-vergleich-bare-groesse-auf-dem-deutschen-kapitalmarkt/
[82] Vgl. Coenenberg, 2016, S. 1117

Der Börsenkurs gibt in der Formel den Preis je Aktie an, während der Bilanzkurs wie folgt berechnet wird:

$$Bilanzkurs = \frac{Bilanzielles\ Eigenkapital}{Anzahl\ der\ Aktien}[83]$$

Der Bilanzkurs stellt im Gegensatz zum Börsenwert eine substanzorientierte Größe dar. Mit dem Börsenkurs kann ermittelt werden, wie hoch die Bewertung eines Unternehmens am Kapitalmarkt ist. Zeigt dieser die Ertragserwartungen der Kapitalmarktteilnehmer auf, entspricht der Börsenwert des gezeichneten Kapitals dem Ertragswert des Unternehmens. Dies ist v. a. dann von Bedeutung, wenn kein stichtagsbezogener Börsenwert benutzt wird, sondern der Durchschnittswert über eine bestimmte Periode gezogen wird. Trifft die Hypothese der Betrachtung des Börsenwertes als ertragsorientierter Marktwert zu, so bildet die Differenz von Börsen- zu Bilanzwert auch den derivativen (originären) Firmenwert ab. Zudem sind in der Differenz von Börsen- zu Bilanzwert, neben den stillen Ermessens- und Dispositionsreserven, auch stille Zwangsreserven enthalten. Stille Zwangsreserven entstehen, wenn günstige zukünftige Ertragserwartungen zwar im gegenwärtigen Ertragswert abgebildet werden, jedoch noch nicht im gegenwärtigen Jahresabschluss enthalten sind.

3.1.4 Auswirkung der Ergebnisanalyse auf Anlageentscheidungen

Das grundlegende Problem für einen potenziellen Kapitalanleger sind die stillen Reserven eines Unternehmens. Somit kann aus externer Sicht nur schwer erkannt werden, ob der ausgewiesene Jahresüberschuss oder -fehlbetrag der Gesellschaft auch tatsächlich erzielt wurde. Mithilfe verschiedener Bewertungs- und Ansatzmöglichkeiten kann ein Unternehmen sein Vermögen unterbewerten sowie seine Schulden überbewerten, was zu einer allgemeinen Ergebnisminderung führt. Durch Informationen, die dem Anhang zu entnehmen sind, können stille Reserven oftmals zu einem bestimmten Grad aufgedeckt werden. Mit den entnommenen Informationen ist der Jahresüberschuss des Unternehmens zu bereinigen, wodurch ein detailliertes Bild über die Ertragslage der Gesellschaft für den Investor entsteht. Außerdem kann sich der potenzielle Kapitalanleger mittels des Other Comprehensive Income einen Eindruck über die zukünftige Ertragssituation des Unter-

---

[83] Vgl. Bilanzkurs, unter: http://www.wirtschaftslexikon24.com/d/bilanzkurs-bk/bilanzkurs-bk.htm

nehmens verschaffen, da dieses Veränderungen der Ertragskraft enthält, die am Markt noch nicht realisiert wurden. Die im OCI befindlichen Beträge werden nach Realisierung in die GuV aufgenommen und spiegeln somit die potenzielle Ertragskraft wider. Des Weiteren kann ein Vergleich von Börsen- und Bilanzwert Aufschluss über stille Reserven geben. Für den Investor ist es wichtig, ein den tatsächlichen Verhältnissen entsprechendes Bild der Ertragslage des Unternehmens zu erhalten, da sich Verfälschungen möglicherweise negativ auf die Investition auswirken.

3.2 Rentabilitätsanalyse

„Unter Rentabilität i. w. S. wird eine relative Kennzahl verstanden, die eine den Erfolg darstellende Größe zu einer anderen Größe in Beziehung setzt, weshalb auch von einer Beziehungszahl gesprochen wird. Dabei wird vermutet, dass jene Größe, zu welcher der Erfolg in Beziehung gesetzt wird, wesentlich zur Erfolgserzielung beiträgt oder dass zumindest ein enger und vor allem sinnvoller Zusammenhang zwischen beiden Größen besteht."[84] Diese Einflussgrößen können auf der einen Seite das eingesetzte Kapital bzw. Vermögen oder auf der anderen Seite den Umsatz, welcher zum Ergebnis führt, darstellen. Bezieht sich die Einflussgröße auf das eingesetzte Kapital bzw. Vermögen kann die Kapitalrentabilität, Vermögensrentabilität, der ROI (Return on Investment), RONA (Return on Net Assets) oder ROCE (Return on Capital Employed) gebildet werden. Wird sich hingegen auf den Umsatz bezogen, kann die Umsatzrentabilität, Gewinnspanne sowie der ROS (Return on Sales) berechnet werden. Die Analyse der Rentabilität dient hierbei der Beurteilung des Erfolgs der jeweiligen Einflussgröße. Um die Ertragslage mithilfe der Rentabilitätsanalyse adäquat beurteilen zu können, müssen Branchendurchschnittswerte gebildet werden, sodass diese mit der eigenen Ertragslage verglichen werden können. Noch besser dafür geeignet sind die Ergebnisse von Vergleichsunternehmen, da diese jedoch oftmals unterschiedliche Betriebsgrößen aufweisen, muss die Verzerrung durch Bildung von Rentabilitätskennzahlen relativiert werden. Die Rentabilitätsanalyse unterliegt dabei zwei Anforderungen. Zum einen muss sie auf der Grundlage eines Kennzahlensystems beruhen und zum anderen hat sie ein tatsächliches Bild der wirtschaftlichen Verhältnisse zu vermitteln, um die Analyseziele zu erfüllen. Die Basis der Rentabilitätsanalyse bildet das ökonomische Prinzip, welches besagt, dass mit einem minimalen Einsatz ein vorgegebenes

---

[84] Vgl. Brösel, 2014, S. 204

Ertragsziel erreicht wird. Somit dürfen nicht nur die absoluten Ergebnisse eines Unternehmens betrachtet werden, sondern die Ergebnisse im Verhältnis zum Einsatz. Als letzter Punkt, um sich für eine Rentabilitätskennzahl zu entscheiden, ist die Klärung des Adressaten, da sich die Eigentümer beispielweise lediglich für die Eigenkapital- und Aktienrentabilität interessieren, während die Gesamtkapital- oder Umsatzrentabilität aus Sicht des Unternehmens eine übergeordnete Rolle spielt.

3.2.1 Eigenkapitalrentabilität

Für die Unternehmenseigner spielt vor allem die bilanzielle Eigenkapitalrentabilität eine Rolle. Diese kann entweder mit dem Jahresanfangs- oder Jahresendwert oder auch mit einem aus den beiden Komponenten gebildeten Durchschnittswert berechnet werden. Essenziell für die Berechnung ist dabei, ob die Größe vor (EBT) oder nach (EAT) Ertragssteuern herangezogen wird.

$$Eigenkapitalrentabilität\ (EKR)\ nach\ Steuern = \frac{Jahresüberschuss}{Eigenkapital} \times 100 \text{[85]}$$

Das Ergebnis nach Steuern wird auch als Jahresüberschuss bezeichnet, deswegen wird auch im Zähler nur der Jahresüberschuss angegeben. Die Eigenkapitalrentabilität wird in der Praxis häufig auf Basis des EAT (Earnings After Taxes) ermittelt, da die Eigentümer gerne die Information bekommen wollen, wie viel Rendite tatsächlich auf deren Investition entfällt. Somit ist das Ergebnis mit Einbezug der Ertragssteuer für den Informationsbedarf der Eigentümer besser. Wird ein überbetrieblicher Vergleich angestrebt, wird eher die Eigenkapitalrentabilität vor Steuern errechnet, da die unterschiedlichen Steuerbelastungen dabei eliminiert werden.

$$\begin{aligned}&Eigenkapitalrentabilität\ (EKR)\ vor\ Steuern\\&= \frac{Jahresüberschuss + Ertragssteuern}{Eigenkapital} \times 100 \text{[86]}\end{aligned}$$

Durch die Eigenkapitalrentabilität kann gezeigt werden, wie das eingebrachte Eigenkapital der Eigentümer verzinst wird. Außerdem zeigt sie die Gewinne, die durch Thesaurierung im Unternehmen verbleiben. Wie bereits unter dem Gliederungspunkt „Leverage-Effekt" erläutert, ist die Höhe der Eigenkapitalrentabilität

---

[85] Vgl. Wöltje, 2015, S. 219
[86] Vgl. Wöltje, 2015, S. 219

von der Gesamtkapitalrentabilität des Unternehmens, der Zinsbelastung des Fremdkapitals sowie vom Verschuldungsgrad abhängig.

Soll die Konzern-Eigenkapitalrentabilität betrachtet werden, geht man genauso wie bei der EKR nach HGB vor, da auch hier die Komponenten für die Berechnung direkt dem Jahresabschluss zu entnehmen sind. Jedoch ist zu beachten, dass der Jahresüberschuss um die Ergebnisanteile von Fremdgesellschaftern zu bereinigen ist. Ebenso wie der Jahresüberschuss muss auch das Eigenkapital ohne den Anteil der Fremdgesellschafter benutzt werden. Wird der Konzern anschließend noch nach IFRS bilanziert, muss das Eigenkapital um die GuV-neutralen im OCI, wie unter dem dazugehörigen Gliederungspunkt erörtert, enthaltenen Eigenkapitaleffekte bereinigt werden, um daraus entstehende Verzerrungen zu vermeiden. Eine Berechnung unter Einbezug der Bereinigungen sollte auf jeden Fall durchgeführt werden, auch wenn man die Eigenkapitalrentabilität mit unbereinigten Werten aufgrund der praktischen Anwendung und Einfachheit immer bildet, um ein tatsächliches Bild der Ertragskraft zu ermitteln.

$$Eigenkapitalrendite\ (IFRS-bereinigt)$$
$$=\frac{Jahresüberschuss-Bewertungsergebnis}{Durchschnittliches\ Eigenkapital-OCI}[87]$$

Bereinigt man die Eigenkapitalrentabilität und möchte mit diesem Wert weiterrechnen, muss auch die Gesamtkapitalrentabilität bereinigt werden, um eine Vergleichbarkeit zu generieren. Wird bei der Eigenkapitalrentabilität beispielsweise der Jahresüberschuss bereinigt und bei der Gesamtkapitalrentabilität nicht, kann es zu Verzerrungen während der Rentabilitätsanalyse kommen.

3.2.2 Aktienrentabilität

Neben der Eigenkapitalrentabilität spielt für den Eigentümer bei einer börsennotierten Aktiengesellschaft auch der Marktwert des Eigenkapitals, der sogenannte Aktienkurs, eine wichtige Rolle. Zudem ist es entscheidend, wie sich der Aktienkurs über mehrere Perioden hinweg verändert. Wie rentabel sich eine Aktie darstellt, lässt sich mithilfe von Aktienkursen innerhalb einer Periode (z-1 bis z) wie folgt beschreiben:

---

[87] Vgl. Coenenberg, 2016, S. 1156

$$Aktienrentabilität\ (TRS) = \frac{P(z) - P(z-1) + D(z)}{P(z-1)}$$ [88]

Beim „Total Return to Shareholders" werden die Aktienkurse zu Beginn [P(z)] und Ende [P(z-1)] der Periode eingesetzt. Je nachdem, ob man eine jährliche oder quartalsweise Rendite berechnen möchte, muss der Start- und Endpunkt dementsprechend gewählt werden. Wurde in der Periode eine Dividende gezahlt, muss diese bei der Berechnung der Aktienrentabilität auch berücksichtigt werden. Aus der angegebenen Formel lassen sich verschiedene fundamentale Kennzahlen herauskristallisieren. Für den Aktionär spielt vor allem das Verhältnis von Ergebnis und Gewinnausschüttung zum Marktwert des Eigenkapitals eine spezielle Rolle. Auf der einen Seite ist die Dividendenrendite für die Gewinnausschüttung verantwortlich. Das Kurs-Gewinn-Verhältnis ist auf der anderen Seite für das Ergebnis in Relation zum Marktwert des Eigenkapitals zuständig. Beispielsweise ergibt sich die Dividende aus dem Gewinn je Aktie und dem „Dividenden-Deckungsgrad", wie folgende Abbildung aufzeigt. Außerdem ist aus der Abbildung zu erkennen, dass sich ein aktienanalytisches Kennzahlensystem bilden lässt, da die Kennzahlen miteinander korrelieren.[89]

---

[88] Vgl. Coenenberg, 2016, S. 1156
[89] Vgl. Heldt, Aktienrendite, unter: https://wirtschaftslexikon.gabler.de/definition/aktienrendite-29952

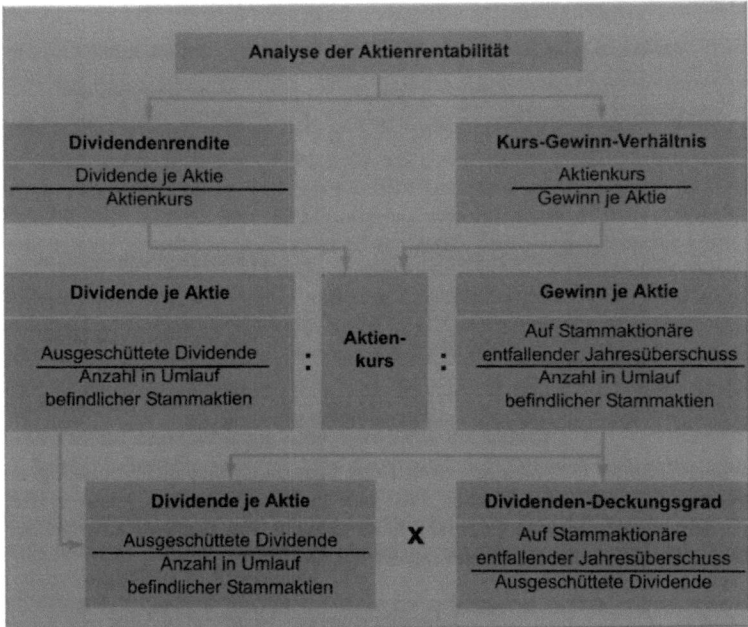

Abbildung 6: Kennzahlensystem zur Aktienrentabilität[90]

In den folgenden Untergliederungen wird auf die einzelnen Kennzahlen des aktienanalytischen Systems eingegangen.

3.2.2.1 Gewinn je Aktie (earnings per share)

Der Gewinn je Aktie stellt eine der zentralen Kennzahlen der aktienorientierten Rentabilitätsanalyse dar. Weist ein Unternehmen einen IFRS-Abschluss auf, ist es verpflichtet, die EPS-Kennzahl anzugeben. Im Vergleich dazu steht der Abschluss nach HGB, da hier Angaben meist nur auf freiwilliger Basis erfolgen. Die Kennzahl ist eine der wichtigsten Größen für aktuelle und potenzielle Anleger und ist direkt dem Jahresabschluss zu entnehmen.

$$Gewinn\ je\ Aktie = \frac{Gewinn \times Nennbertrag\ einer\ Aktie}{gezeichnetes\ Kapital}$$ [91]

---

[90] Vgl. Coenenberg, 2016, S. 1158
[91] Vgl. Küting/Weber, 2009, S. 331

Um die Zahl der jährlichen im Umlauf befindlichen Aktien zu ermitteln, muss der Gewinn missachtet werden und das gezeichnete Kapital durch den Nennwert einer Aktie dividiert werden. Falls kein Nennbetrag einer Aktie angegeben ist, muss direkt auf die Anzahl der Aktien, die sich im Umlauf befinden, zurückgegriffen werden.[92]

3.2.2.2 Kurs-Gewinn-Verhältnis

Beim Kurs-Gewinn-Verhältnis (KGV), auch Price Earnings Ratio (PER), wird sich auf den Marktpreis des Eigenkapitals bezogen. Die Kennzahl dient vor allem der Preiswürdigkeitsprüfung.

$$Kurs-Gewinn-Verhältnis = \frac{Preis\ je\ Aktie\ (Börsenkurs) \times Anzahl\ der\ Aktien}{Jahresüberschuss}$$ [93]

Die Aktie eines Unternehmens wird teurer bewertet, wenn das KGV hoch ausfällt. Somit sinkt die auf den Jahresüberschuss bezogene Rendite des Kapitalanlegers. Das KGV stellt außerdem den reziproken Wert zur Eigenkapitalrentabilität dar. Mithilfe eines Branchenvergleichs lassen sich Aussagen über das PER des zu analysierenden Unternehmens treffen. Die Kennzahl ergänzt den Wert der Eigenkapitalrentabilität, da sich diese nicht auf das Unternehmenskapital (Eigenkapital) bezieht, sondern den Gewinn des investierten Kapitals des Aktieninvestors aufzeigt. Je günstiger das KGV im Vergleich zu anderen Unternehmen ausfällt, desto sinnvoller ist die Investition. Daraus resultiert, dass man in ein Unternehmen mit günstigem KGV investierten sollte, um ein möglichst hohe Rendite zu erhalten. Da das KGV vom erwarteten Gewinnwachstum abhängig ist, kann dieses erweitert werden. Somit lässt sich die Kennzahl noch verfeinern.

$$PEG = \frac{PER}{Erwartete\ Wachstumsrate\ des\ Gewinns\ je\ Aktie}$$ [94]

Grundlegend führt ein Wert des PEGs über Eins zu einer Überbewertung der Aktie, während ein Wert unterhalb von Eins eine Unterbewertung der Aktie mit sich zieht.

---

[92] Vgl. Coenenberg, 2016, S. 1157 f.
[93] Vgl. Brösel, 2014, S. 215
[94] Vgl. Coenenberg, 2016, S. 1161

3.2.2.3 Dividende je Aktie

Zur weiteren Verfeinerung der Aktienrentabilitätsanalyse kann die Kennzahl Dividendenrendite gebildet werden, welche einen hohen Stellenwert für aktuelle und potenzielle Aktionäre hat.

$$Dividendenrendite = \frac{Dividende\ je\ Aktie}{Börsenkurs}\ [95]$$

Die Dividende je Aktie kann bei der angegebenen Formel mithilfe der für die laufende Periode vorgesehenen Ausschüttung, dividiert durch die im Umlauf befindlichen Stammaktien, ermittelt werden. Durch verpflichtende Angaben im Abschluss nach HGB, wie der Ausschüttungsbetrag an die Aktionäre sowie die Anzahl der Aktien je Gattung, kann die Dividende je Aktie relativ einfach berechnet werden.

Des Weiteren kann mit der Dividende je Aktie der Dividenden-Deckungsgrad dargestellt werden.

$$Dividenden - Deckungsgrad = \frac{Ergebnis\ je\ Aktie}{Dividende\ je\ Aktie}\ [96]$$

Durch den Dividenden-Deckungsgrad kann die Wahrscheinlichkeit einer Dividendenausschüttung abgeschätzt werden. Nimmt die Kennzahl beispielsweise den Wert von Vier an, müsste ein Viertel des Jahresüberschusses erreicht werden, um die Ausschüttungen durch Rücklagen zu finanzieren. Somit ist zu sagen, je höher der Dividenden-Deckungsgrad, desto wahrscheinlicher ist eine höhere Dividendenausschüttung.

3.2.3 Gesamtkapital- und Umsatzrentabilität

Neben der Profitabilität des Eigenkapitals aus Eigentümersicht kann auch die Gesamtkapitalrentabilität ermittelt werden. Diese ist wesentlich aussagekräftiger als die Eigenkapitalrentabilität, da die Leistungsfähigkeit des gesamten Unternehmens beurteilt wird. Damit ist die Kennzahl nicht nur aus Sicht der Eigentümer wichtig, sondern für alle Kapitalgeber. Die GKR ist auch als ROI (Return on

---

[95] Vgl. Brösel, 2014, S. 216
[96] Vgl. Coenenberg, 2016, S. 1162

Investment) bekannt, bei der zusätzlich der dem Fremdkapital zufließende Zinsaufwand betrachtet wird.

$$Gesamtkapitalrentabilität\ (GKR) = \frac{EBIT}{Gesamtkapital} \times 100\ [97]$$

In der Regel wird die Gesamtkapitalrentabilität vor Steuern gebildet, da der Steueraufwand von der Verschuldung abhängt, und man prinzipiell davon ausgeht, dass ein Unternehmen unverschuldet ist. Mit der GKR wird die tatsächliche Effektivität eines Unternehmens ermittelt.

In Verbindung zur GKR steht die Umsatzrentabilität, welche im zwischenbetrieblichen Vergleich einen aussagefähigen Charakter besitzt. Die Umsatzrentabilität (UR), auch ROS (Return on Sales) genannt, zeigt den Anteil des Gewinns an den Umsatzerlösen.

$$Umsatzrentabilität\ (UR) = \frac{EBIT}{Umsatz}\ [98]$$

Somit kann mit der UR der betriebliche Gewinnanteil berechnet werden.

Durch die Kennzahl „Kapitalumschlag" kann die Verbindung zwischen GKR und UR aufgezeigt werden. Dieser gibt an, wie häufig das gebundene Vermögen durch den Umsatz innerhalb der Periode umgeschlagen wurde. Je höher der Kapitalumschlag ausfällt, desto größer stellt sich auch der Wert der Gesamtkapitalrentabilität bei vorgegebener Umsatzrentabilität dar. Je häufiger sich das Kapital durch den Umsatz umschlägt, desto besser ist der Kapitaleinsatz.[99]

$$Kapitalumschlag\ (KU) = \frac{Umsatz}{Durchschnittliches\ Gesamtkapital}\ [100]$$

Als Verfeinerung bzw. Weiterentwicklung der Gesamtkapitalrentabilität dient der ROCE (Return on Capital Employed). Dieser zeigt die Verzinsung des langfristig gebundenen Kapitals auf.

---

[97] Vgl. Wöltje, 2015, S. 220
[98] Vgl. Coenenberg, 2016, S. 1166
[99] Vgl. o.A., Kapitalumschlag, unter: https://www.ifb.de/betriebsrat/service/lexikon/kapitalumschlag
[100] Vgl. Coenenberg, 2016, S. 1166

$$ROCE = \frac{EBIT}{Capital\ Employed\ (gebundene\ Kapital)}\ ^{101}$$

Das „Capital Employed" ergibt sich dabei aus der Summe von Eigenkapital, Pensionsrückstellungen und Finanzschulden. Somit kann angegeben werden, wie effizient ein Unternehmen mit seinem Eigen- und Fremdkapital gewirtschaftet hat. Je höher der ROCE ausfällt, desto sicherer ist die Stellung am Kapitalmarkt und damit auch eine profitable Zukunft. Ein Unternehmen ist erfolgreicher, wenn die Kapitalkosten durch die Vermögensrendite gedeckt sind und diese übersteigen.

3.2.4 Auswirkung der Rentabilitätsanalyse auf Anlageentscheidungen

Mithilfe der Rentabilitätsanalyse kann der Erfolg eines Unternehmens beurteilt werden, vor allem wenn dieser im Vergleich zu Wettbewerbern oder anderen Unternehmen betrachtet wird. Damit ein tatsächliches Bild der wirtschaftlichen Verhältnisse vermittelt werden kann, wird häufig der Branchenvergleich angestrebt. Gerade für den potenziellen Kapitalanleger spielt der Erfolg einer Gesellschaft eine übergeordnete Rolle. Dabei können unterschiedliche Kennzahlen entscheidend sein, da die Werte der Rentabilitätsanalyse teilweise adressatenbezogen sind, d. h. die jeweilige Kennzahl ist auch nur für einen bestimmen Investor relevant. Aus Sicht der Eigentümer und Aktionäre ist die Eigenkapital- und Aktienrentabilität von großer Bedeutung, während die Gesamtkapital- und Umsatzrentabilität alle Kapitalanleger betrifft. Durch die Kennzahl der Eigenkapitalrentabilität wird dem Eigentümer vermittelt, wie hoch sein eingebrachtes Kapital verzinst wird, d. h. hoch seine Rendite ausfällt. Im Zuge dessen wird die Eigenkapitalrentabilität primär nach Steuern (EAT) ermittelt, da die jeweiligen Eigentümer wissen wollen, wie viel Rendite tatsächlich auf deren Investition entfällt. Für den potenziellen Aktionär ist die analysierte Aktienrentabilität essenziell, da damit der Marktwert des Eigenkapitals eingestuft wird. Hierbei wird das Verhältnis von Ergebnis und Gewinnausschüttung zum Marktwert des Eigenkapitals betrachtet, damit der potenzielle Kapitalanleger eine Entscheidung treffen kann. Besonders wichtig für den Aktionär ist die Kennzahl „Gewinn je Aktie", da er damit beurteilen kann, wie viel Rendite er pro gekaufte Aktie generiert. Des Weiteren wird sich der potenzielle Investor das „Kurs-Gewinn-Verhältnis" im Branchenvergleich betrachten, da dieses Aufschluss über die Preiswürdigkeit des Aktienkurses gibt. Fällt das KGV hoch aus, sinkt die

---

[101] Vgl. Wöltje, 2015, S. 220

Rendite des Anlegers. Somit wird der Aktionär auf ein möglichst günstiges KGV abzielen, sodass sich seine Investition auszahlt. Auch der Dividenden-Deckungsgrad sowie die Dividendenrendite sind für den Investor von Bedeutung, da die Dividende ein Teil des Gewinns darstellt, der an Aktionäre ausgeschüttet wird und der Dividenden-Deckungsgrad ermittelt, wie hoch die Wahrscheinlichkeit dafür ist.

Wie bereits erwähnt, spielt die Gesamtkapital- und Umsatzrentabilität nicht nur für Eigentümer und Aktionäre eine wichtige Rolle, sondern für alle Kapitalgeber. Die Gesamtkapitalrentabilität beurteilt demnach das gesamte Kapital des Unternehmens. Grundlegend ist für den Anleger natürlich maßgeblich, wie erfolgreich das Gesamtunternehmen war. Um bei der Entscheidungsfindung zu helfen, kann sich der Investor den Kapitalumschlag und den ROCE ins Auge fassen. Je häufiger das Kapital durch den Umsatz umgeschlagen wurde, desto besser hat das Unternehmen sein Kapital eingesetzt. Vor allem für Banken ist dies ein positiver Indikator. Mittels des ROCE kann die Effizienz des Wirtschaftens mit Fremd- und Eigenkapital aufgezeigt werden, und je höher diese ausfällt, desto besser ist die Stellung am Kapitalmarkt. Somit ist die Gesellschaft erfolgreichen, wenn die Kapitalkosten durch die Vermögensrendite gedeckt werden, was sich positiv auf die potenziellen Kapitalanleger auswirkt.

3.3 Wertschöpfungsanalyse

Als zentrale Informationsquelle für Aktionäre gilt die Rentabilitätsanalyse, jedoch kann diese mithilfe der Wertschöpfungsanalyse ergänzt werden. Die betriebliche Wertschöpfung kann als nützliches Instrument zur Beschaffung von Informationen dienen. Während die Rentabilitätsanalyse nur auf die Interessen der Aktionäre (Shareholder) ausgerichtet ist, wird die Sichtweise durch die Wertschöpfungsanalyse auf alle Stakeholder, wie Lieferanten, Kunden sowie Fremdkapitalgeber, ausgedehnt. Hierbei wird der Erfolgsbegriff durch die Endresultate gesellschaftspolitischer Entwicklungen, und wie sich diese auf die Unternehmensziele auswirken, erweitert. Auf der Seite der Shareholder soll der Gewinn, also der Jahresüberschuss der Gewinn- und Verlustrechnung, das Einkommen symbolisieren. Auf der Gegenseite der Stakeholder hingegen wird das Einkommen als Wertschöpfung interpretiert. Aus der Wertschöpfungsanalyse geht die Produktivität eines Unternehmens hervor, welche sich auch als eine wichtige Komponente der zukünftigen Ertragslage darstellt. Somit wird nicht nur das Kapital, wie bei der rentabilitätsorientieren Analyse, sondern auch die Arbeit eines Unternehmens in die Wertschöpfungsanalyse mit einbezogen. Fremdkapitalerträge, Steuern sowie Arbeitserträge, welche sich in der GuV als Aufwendungen darstellen, finden sich damit in der wertschöpfungsorientierten Analyse wieder. Die Wertschöpfung lässt sich mittels des gesamten Produktionsausstoßes abzüglich der nicht selbst getätigten Vorleistungen abbilden. Wird beispielsweise Holz für 190 € eingekauft, aus dem ein Tisch hergestellt wird, der für 200 € verkauft wird, kann das Unternehmen eine Wertschöpfung von 10 € aufweisen. Außerdem ist die Wertschöpfungsanalyse nicht abhängig von Größe und Breite der Unternehmenstätigkeit sowie der Finanzierungsstruktur eines Unternehmens. Im folgenden Abschnitt wird aufgezeigt, wie sich die Wertschöpfung durch eine Entstehungs- oder Verteilungsrechnung ermitteln lässt.[102]

3.3.1 Entstehungs- und Verteilungsrechnung

Ebenso wie die GuV besteht die Wertschöpfungsanalyse aus einer Entstehungs- und Verteilungsrechnung des Erfolgs. Grundlegend liegt der Unterschied zur GuV darin, dass bestimmte Aufwendungen bei der wertschöpfungsorientierten Analyse als Erträge gesehen werden, da diese aus Sicht der Stakeholder erörtert werden. Zuerst wird die Entstehungsrechnung betrachtet, um die Wertschöpfung zu ermitteln, woraufhin untersucht wird, wem diese zugutekommt.

Bei der Entstehungsrechnung sind die Daten zur Berechnung der GuV und teilweise dem Anhang zu entnehmen.

$$Wertschöpfung = Produktionswert - Vorleistungen$$[103]

Die beiden Komponenten, die zur Berechnung der Wertschöpfung herangezogen werden, lassen sich in verschiedene Einzelteile zerlegen. Der Produktionswert ergibt sich hauptsächlich aus den Umsatzerlösen eines Unternehmens, die durch einen Verkauf von Waren und Dienstleistungen erwirtschaftet werden. Zu den Umsatzerlösen werden noch nicht verkaufte, aber vorrätige Waren addiert, welche sich in der GuV als Bestandsveränderungen niederschlagen (§275 Abs. 2 Nr. 2 HGB). Außerdem werden aktivierte Eigenleistungen, wie z. B. intern erbrachte Entwicklungskosten sowie sonstige betriebliche Erträge hinzugerechnet, um den Produktionswert zu erhalten.[104]

---

[102] Vgl. o.A., Wertschöpfungsanalyse, unter: https://www.alpha-star-aktienfonds.de/wissen/wertschoepfungsanalyse/
[103] Vgl. Coenenberg, 2016, S. 1179
[104] Vgl. §275 Abs. 2 HGB

Auch die Vorleistungen setzen sich aus einzelnen Teilen zusammen. Diese ergeben sich primär aus den Materialaufwendungen zuzüglich Abschreibungen auf Produktionsanlagen und anderen Sachanlagen sowie sonstiger betrieblicher Aufwendungen. Von den Materialaufwendungen sind letztlich noch Aufsichtsrat- und Managementvergütungen abzuziehen, da diese nur in der Verteilungsrechnung berücksichtigt werden. Die Entstehungsrechnung findet häufiger Verwendung in der Praxis als die Verteilungsrechnung. Erfolgt jedoch eine Aufstellung der Gewinn- und Verlustrechnung nach Umsatzkostenverfahren wird die Verteilungsrechnung angewendet, da eine Entstehungsrechnung nicht möglich ist.[105]

Wurde die Wertschöpfung mittels Entstehungsrechnung ermittelt, kann mithilfe der Verteilungsrechnung analysiert werden, wem diese weiterhilft. Dabei lassen sich unterschiedliche Interessengruppen herauskristallisieren. Die erste Gruppe stellen die Arbeitnehmer dar, über die Informationen zum Personalaufwand, d. h. Löhne und Gehälter sowie soziale Abgaben und Aufsichtsrat- und Managementvergütungen, eingeholt werden können. Die Interessensgruppe der Arbeitnehmer bildet somit die Arbeitserträge ab. Die zweite Partei bildet der Fiskus, welcher über Steuern aus Einkommen und Erträgen sowie anderweitige Steuern informiert und damit die Gemeinerträge abbildet. Die letzte Einheit zur Ermittlung der Wertschöpfung bilden die Kapitalerträge, die sich auch Fremdkapital- und Eigenkapitalerträge zusammensetzen. Während die Fremdkapitalerträge aus den Zinsen und ähnlichen Aufwendungen bestehen, lassen sich die Eigenkapitalerträge aus den Dividenden, dem Thesaurierungsbetrag sowie dem Restbetrag aller übrigen GuV-Positionen ermitteln.[106]

$$Wertschöpfung$$
$$= Arbeitserträge + Gemeinerträge\ (Staat)$$
$$+ Kapitalerträge[107]$$

Die Wertschöpfungsanalyse auf Basis der Verteilungsrechnung zeigt auf, wem eine Erhöhung bzw. Verminderung der Wertschöpfung zugutekommt. Aus Sicht eines Aktionärs interessiert diejenige Wertschöpfung, die abzüglich aller Arbeits- und

---

[105] Vgl. o.A., Wertschöpfungsanalyse, unter: https://www.alpha-star-aktienfonds.de/wissen/wertschoepfungsanalyse/
[106] Vgl. Coenenberg, 2016, S. 1182 i.V.m. §275 Abs. 2
[107] Vgl. Brösel, 2014, S. 201

Gemeinerträge sowie der Fremdkapitalerträge übrig bleibt, da damit die Werterhöhung der Aktionärsposition aufgezeigt werden kann.

3.3.2 Kennzahlen der Wertschöpfungsanalyse

Die durch die Entstehungs- und Verteilungsrechnung ermittelte Wertschöpfung kann für verschiedenste Kennzahlen verwendet werden, um die Aussagefähigkeit der Ertragskraft zu erhöhen. Die Wertschöpfung kann vor allem dabei helfen, Veränderungen der unterschiedlichen Produktivitätskennzahlen zu erkennen. Eine produktivitätsorientierte Kennzahl stellt die Arbeitsproduktivität dar.

$$Arbeitsproduktivität = \frac{Wertschöpfung}{durchschnittliche\ Beschäftigtenzahl}\ ^{108}$$

Mit der Arbeitsproduktivität können Aussagen über die Belegschaft getroffen werden, ob deren Produktivität gestiegen oder gesunken ist. Wird die Arbeitsproduktivität des eigenen Unternehmens mit Konkurrenten verglichen, können mögliche Ineffizienzen ausgemerzt und intensiviert werden. In der internationalen Rechnungslegung wird jedoch statt der Beschäftigtenzahl der Umfang der eingesetzten Arbeitsstunden benutzt, um die Arbeitsproduktivität abzubilden. Ähnlich wie die Arbeitsproduktivität lassen sich zwei weitere Produktivitätskennzahlen bilden. Bei der Kapitalproduktivität wird die Wertschöpfung, an Stelle der durchschnittlichen Beschäftigtenzahl, mit dem durchschnittlichen Kapital ins Verhältnis gesetzt. Diese gibt an, wie effizient das dem Unternehmen zur Verfügung gestellte Kapital eingesetzt wurde. Generell kann mit der Kapitalproduktivität ermittelt werden, wie hoch die Wertschöpfung pro verwendeten Euro Kapital ausfällt. Außerdem besteht eine funktionale Verbindung über die durchschnittliche Kapitalbindung je Mitarbeiter zwischen der Kapital- und der Arbeitsproduktivität. Daher sollten die beiden Kennzahlen stets zusammen in die Analyse eingehen. Weisen beide Kennzahlen steigende Tendenzen auf, kann von positiven Produktivitätsentwicklungen ausgegangen werden. Sinken beide Kennzahlen über eine gewisse Periode, besitzt das analysierte Unternehmen eine rückläufige Produktivität. Eine weitere Produktivitätskennzahl ist die Personalkostenproduktivität, die nicht nur die Mitarbeiteranzahl

---

[108] Vgl. Coenenberg, 2016, S. 1186

betrachtet, sondern auch deren Vergütung, also den Wert des Arbeitseinsatzes, miteinbezieht.[109]

Darüber hinaus kann die Wertschöpfungsquote errechnet werden, um die Fertigungstiefe zu analysieren.

$$Wertschöpfungsquote = \frac{Wertschöpfung}{Gesamtleistung\ (oder\ Umsatz)}$$ [110]

Je höher der Wert der Wertschöpfungsquote, desto höher ist auch die Fertigungstiefe. Die Kennzahl stellt sich im Vergleich mit anderen Unternehmen bzw. Wettbewerbern als sehr effizient dar, da diese Aussagen über die Flexibilität eines Unternehmens in produktionswirtschaftlicher Hinsicht gibt. Zusätzlich kann die strategische Ausrichtung der Gesellschaft bezüglich der vertikalen Integration bzw. des Outsourcings analysiert werden, d. h. ob das Unternehmen auf internes Know-how setzt oder beispielsweise Fertigungsleistungen an Dritte auslagert.[111]

3.3.3 Auswirkung der Wertschöpfungsanalyse auf Anlageentscheidungen

Primär für die Entscheidungsfindung des potenziellen Kapitalanlegers bei der erfolgswirtschaftlichen Jahresabschlussanalyse ist die Rentabilitätsanalyse, jedoch kann diese durch die Betrachtung der Wertschöpfungsanalyse verfeinert werden. Die Wertschöpfungsanalyse betrachtet neben dem eingesetzten Kapital auch die Produktivität des analysierten Unternehmens. Außerdem deckt die wertschöpfungsorientierte Analyse nicht nur die Sicht der Shareholder ab, sondern bezieht zusätzlich die Stakeholder, also Fremdkapitalgeber, mit ein. Durch die Produktivitätskennzahlen werden dem Investor verschiedene Ineffizienzen des Unternehmens aufgezeigt. Betracht der Kapitalanleger beispielsweise die Arbeitsproduktivität, wird ihm vermittelt, ob die Produktivität der Belegschaft des Unternehmens im Vergleich zu anderen Gesellschaften bzw. Wettbewerben gestiegen oder gesunken ist. Des Weiteren kann er die Kapitalproduktivität heranziehen, um zu sehen, wie effizient das Kapital, sowohl Eigen- als auch Fremdkapital, eingesetzt wurde. Die Kapital- und Arbeitsproduktivität sollten immer zusammen in Augenschein

---

[109] Vgl. o.A., Wertschöpfungsanalyse, unter: https://www.alpha-star-aktienfonds.de/wissen/wertschoepfungsanalyse/
[110] Vgl. Coenenberg, 2016, S. 1187
[111] Vgl. o.A., Wertschöpfungsanalyse, unter: https://www.alpha-star-aktienfonds.de/wissen/wertschoepfungsanalyse/

genommen werden, da zwischen diesen eine funktionale Verbindung besteht. Weisen beide einen steigenden Charakter auf, besitzt das Unternehmen eine positive Produktivitätsentwicklung, was die Entscheidung des Investors beeinflussen kann. Zudem erweist sich die Wertschöpfungsquote im Vergleich zu anderen Unternehmen als interessant, da diese die Flexibilität der Gesellschaft in produktionswirtschaftlicher Hinsicht widerspiegelt. Damit wird dem potenziellen Kapitalanleger klar, ob das Unternehmen mit eigenem Know-how intern produziert oder die Produktion an Dritte auslagert (Outsourcing). Mit einer Auslagerung an Dritte könnten beispielsweise Kosten gespart werden, wodurch der Gewinn des Unternehmens und somit auch die Rendite des Kapitalanlegers ansteigt.

3.4 Break-Even-Analyse und deren Auswirkung auf Anlageentscheidungen

Wie bereits im Kapitel „Leverage-Effekt" erörtert, kann eine zunehmende Verschuldung zu höheren Ertragschancen führen, jedoch bringt dies auch ein steigendes Risiko mit sich. Dasselbe Phänomen findet sich auch in der Break-even-Analyse wieder. In den Bereichen der Leistungserstellung sowie der Leistungsverwendung, welche vom Verhältnis der fixen Kosten zu den variablen Kosten abhängig sind, kann es demzufolge auch zu einem leistungswirtschaftlichen Risiko (operating leverage) kommen. Bei der Break-even-Analyse, oder auch Gewinnschwellenanalyse genannt, werden die Erlöse den Kosten in Abhängigkeit von der Beschäftigung gegenübergestellt. Ziel der Gewinnschwellenanalyse ist die Berechnung des Break-even-Punktes, auch Deckungspunkt, Gewinnschelle oder toter Punkt genannt. Das ist derjenige Beschäftigungsgrad, bei dem ein Unternehmen von der Verlust- in die Gewinnzone übergeht. Die Analyse findet vor allem dann Anwendung, wenn eine neue Geschäftsidee, ein neues Produkt oder eine neue Investition bewertet werden soll. Bei der Bewertung ist es zwingend erforderlich, dass der Verkaufspreis (p) sowie die variablen Kosten (v) je Stück konstant sind. Außerdem müssen Absatzmenge (x) und Fixkosten (F) derselben Periode entstammen. Mithilfe der Gewinnermittlungsgleichung gelangt man zum Break-even-Point:

$$G = U - K$$

$$G = p \times x - v \times x - F$$

$$G = (p - v) \times x - F^{112}$$

Wird die Gleichung gleich Null gesetzt, kann die Gewinnschwelle ermittelt werden.

$$Gewinnschwelle = \frac{F}{p - v}$$

An der Gewinnschwelle entspricht der Deckungsbeitrag somit genau den fixen Kosten. Je höher der Anteil der Fixkosten ausfällt, desto größer ist die Gewinnchance, wenn die Beschäftigung ansteigt. Analog dazu kann aber auch das Verlustrisiko ansteigen, sobald die Beschäftigung sinkt. Außerdem kann die Break-even-Analyse bei der Beantwortung der Frage helfen, wie sich der Deckungspunkt verändert, wenn die Fixkosten sinken, der Materialanteil jedoch aufgrund eines erhöhten Outsourcings ansteigt. Durch die Gewinnreagibilität kann das anfangs erwähnte leistungswirtschaftliche Risiko in Bezug auf Absatzmengenänderungen gemessen werden.

$$Gewinnreagibilität = \frac{x \times (p - v)}{x \times (p - v) - F}\ ^{113}$$

Mittels der Gewinnreagibilität kann bestimmt werden, um wie viel Prozent sich das Ergebnis verändert, wenn das Absatzvolumen x um einen Prozentpunkt ansteigt oder fällt.[114]

Die Break-even-Analyse spielt vor allem dann für den Investor eine sehr wichtige Rolle, wenn ein Unternehmen noch nicht lange existiert oder ein komplett neues Produkt eingeführt wird. Es ist unausweichlich, die Gewinnschwelle zu ermitteln, bei der das Unternehmen von der Verlust- in die Gewinnzone gleitet. Gerade zu Beginn einer Unternehmenseinführung werden Verluste gemacht, da zuerst in das Unternehmen bzw. die Geschäftsidee investiert werden muss, um ein markt- und wettbewerbsfähiges Produkt zu generieren, bevor Gewinne erwirtschaftet werden können. Gewinne werden erst dann erzielt, wenn der Deckungsbeitrag die fixen Kosten übersteigt. Der Investor interessiert sich für eben diese Gewinnschwelle, da er vor der Investition wissen möchte, ob sich diese auch auszahlt und vor allem

---

[112] Vgl. Fleig, J., Investitionsrechnung und Methoden zur Bewertung, unter: https://www.business-wissen.de/hb/break-even-analyse-berechnung-und-beispiele/
[113] Vgl. Coenenberg, 2016, S. 1191
[114] Vgl. Küting/Weber, 2009, S. 359

wann. Ein hervorragendes Beispiel vermittelt dazu die Serie „Die Höhle der Löwen", welche oftmals auf dem deutschen Fernsehsender „VOX" ausgestrahlt wird. Hier beurteilen fünf große Investoren neue Geschäftsideen und Produkte und investieren gegebenenfalls in das Unternehmen, wenn sich dieses als lukrativ erweist. Dabei kommt häufig die Frage der Investoren auf, ob der Break-even-Punkt des Unternehmens bereits erreicht wurde und wenn nicht, wann dieser vorhergesagt werden kann.

4 Strategische Jahresabschlussanalyse

Das Hauptaugenmerk der strategischen Jahresabschlussanalyse fällt auf das Erfolgspotenzial eines Unternehmens. Durch dessen Vorsteuerungsfunktion für den Erfolg und die Liquidität zielt es auf ein Erwirtschaften zukünftiger Erfolge sowie einer Generierung von einer positiven Liquiditätssituation ab. Die strategische Analyse bedient sich dabei an Informationen des Unternehmensumfeldes sowie über den Bereich der Daten der Jahresabschlussanalyse hinaus. Außerdem spielen häufig Informationen eine Rolle, die vom Unternehmen freiwillig gemacht werden. Die Aussagen, die der Analyse zu entnehmen sind, sind meist qualitativer Herkunft, da sich viele Informationen nicht quantifizieren lassen. Des Weiteren kann die Analyse nicht standardisiert werden, d. h. es muss eine Adaption für das jeweilig analysierte Unternehmen erfolgen. Die strategische Analyse kann auch als wertorientierte Jahresabschlussanalyse beschrieben werden, da ermittelt werden soll, welchen Wertbeitrag ein Bereich des Unternehmens zum gesamten Unternehmenswert leistet. Um den Wert eines Unternehmens zu bestimmen, muss das Erfolgspotenzial herangezogen werden. Somit dient der Barwert des Ausschüttungsbetrags, der zukünftig an die Eigentümer ausbezahlt wird, als Berechnungsgrundlage für den Wert eines Unternehmens. Dieser Wert kann auch als Zukunftserfolgswert beschrieben werden und ist abhängig von der zukünftigen Profitabilität des Unternehmens. Dies ist der Grund dafür, dass bei der Analyse direkt die zukünftigen Erfolge genutzt werden, die die Ausschüttungen festlegen. Grundlegend versucht jede Gesellschaft Wettbewerbsvorteile zu generieren, um bessere Wachstumsraten, Umsatzrenditen und Umschlagskennzahlen zu erwirtschaften. Jedoch wird oftmals auch die Position zum Wettbewerber geschwächt, da der Konkurrent mit Gegenstrategien agiert, um erfolgreicher zu sein. Demzufolge hat jedes Unternehmen die Aufgabe, seine Chancen und Risiken im Wettbewerberumfeld sowie seine internen Stärken und Schwächen zu analysieren. Durch den qualitativen Charakter der strategischen Analyse wird folgend nur kurz auf die Analyseteile eingegangen, die die Entscheidung eines potenziellen Kapitalanlegers beeinflussen können.[115]

4.1 Lebenszyklusanalyse

Um das Erfolgspotenzial eines Produktes oder Unternehmens zu ermitteln, kann dieses zeitlich in einen Entwicklungsprozess eingeordnet werden. Dieser

---

[115] Vgl. Coenenberg, 2016, S. 1197 ff.

Entwicklungsprozess ist in verschiedene Lebenszyklen untergliedert, die unterschiedliche Merkmale aufweisen. Die Lebenszyklusanalyse besitzt vier Lebenszyklen, wobei die Dauer der einzelnen Phasen vom Kurvenverlauf abhängt. Grundlegend können mithilfe der Lebenszyklusanalyse Umsatz- und Absatzentwicklungen dargestellt werden. Der erste Lebenszyklus ist die Einführungsphase bei einer Unternehmens- bzw. Produkteinführung. Der Einführungsphase schließt sich die Wachstumsphase an. Als dritte Phase der Lebenszyklusanalyse gilt die Reifephase, während danach die Phase des Rückgangs bzw. die Sättigungsphase eines Produktes oder Unternehmens beginnt, wie die folgende Abbildung verdeutlicht.

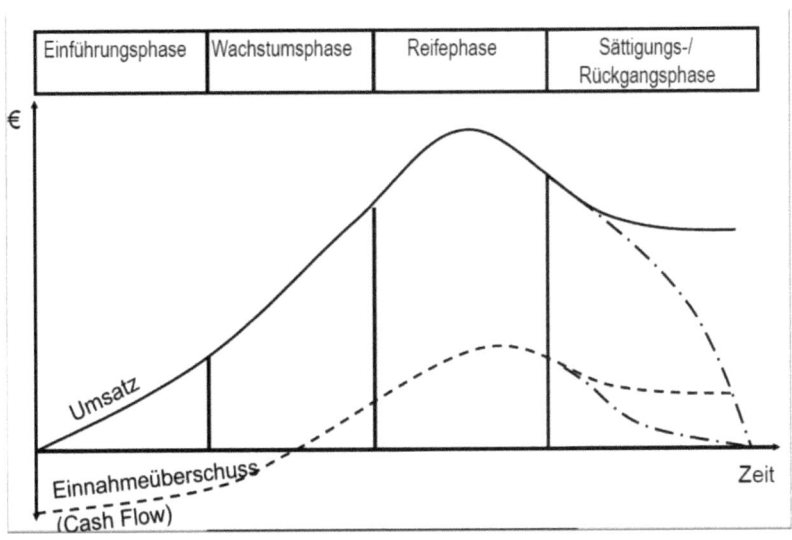

Abbildung 7: Lebenszyklusanalyse[116]

In der Einführungsphase der Lebenszyklusanalyse macht das Unternehmen häufig kaum Gewinne bzw. sogar Verluste, da anfangs hohe Entwicklungs- sowie Anlaufkosten anfallen, während dazu relativ wenig Umsatz generiert wird. Die Dauer der ersten Phase hängt vom Innovationsgrad des Produkts bzw. des Unternehmens ab. Die anschließende Wachstumsphase wird durch eine Etablierung am Markt erreicht. Die Gewinnpotenziale des Unternehmens steigen an, während die Kosten sinken. Außerdem nimmt das allgemeine Risiko in der Phase des Wachstums ab.

---

[116] Vgl. Prof. Dr. Erdenberger, C.: Bilanzanalyse, unter: https://econ.ubbcluj.ro/~vlad.botos/financialanalysis/2011/resources/Skript%20AnwendungBilanzanalyse.pdf

Das Unternehmen arbeitet in der Phase vor allem an Qualitäts- und Produktionsverbesserungen und bietet Aktionsprogramme an, um den Markt weiter zu penetrieren. Der erzielte Umsatz steigt in dieser Phase erheblich, jedoch gehen damit nicht gleich auch steigende Gewinne einher, da das Unternehmen meist parallel in Marketingaktionen und in das Qualitätsmanagement investiert. In der Reifephase lässt das starke Umsatzwachstum aufgrund der vielen Wettbewerber am Markt nach. Der Cashflow des Unternehmens sowie die Gewinne fallen in der dritten Phase hoch aus, obwohl die Gewinne in der Phase stetig fallen, da das Unternehmen möglicherweise Absatzförderungsmaßnahmen, z. B. in Form von Sonderrabatten, ergreifen muss, um sich gegen Wettbewerber am Markt zu behaupten. Außerdem werden häufig Markt- und Produktmodifikationen vorgenommen, um ohne eine starke Preissenkung seinen Marktanteil zu verteidigen. Zum Ende der Reifephase sinkt auch langsam der Umsatz des Unternehmens bzw. des Produktes. Es ist schwierig zu erkennen, wann die Sättigungsphase beginnt, da das Unternehmen oft durch Revitalisierungen versucht, am Markt standhaft zu bleiben. Charakteristisch fällt der Umsatz in der Rückgangsphase stetig, wodurch auch niedrigere Gewinne erzielt werden.

Durch die Lebenszyklusanalyse kann die eigene Situation mit den Wettbewerbern verglichen werden. Außerdem dient die Analyse als Grundlage für die folgend erörterte BCG-Matrix.[117]

4.2 Marktwachstum-Marktanteils-Portfolioanalyse (BCG-Matrix)

Mithilfe der BCG-(Boston Consulting Group)Matrix kann die Produkt-Markt-Position eines Unternehmens analysiert werden. Dabei werden vier voneinander unabhängige Geschäftsbereiche beschrieben, die es abzustimmen gilt. D. h. die kapitalbedürftigen sowie -erzeugenden Geschäftsbereiche werden so koordiniert, dass eine ausgewogene Struktur erreicht wird. Damit wird auch ein ökonomischer Wert im Interesse der Anteilseigner generiert. Die Portfolioanalyse gibt Aufschluss über den Cashflow, die Deckungsbeiträge, den Kapitalbedarf, den relativen Marktanteil sowie die Wachstumsrate des jeweiligen Geschäftsbereichs. Für die BCG-Matrix gelten drei grundlegende Hypothesen, die sich auf jeden Geschäftsbereich beziehen. Die erste Hypothese besagt, dass der Gewinn und der Cashflow mit zunehmenden Marktanteil steigen, während sich die zweite Hypothese auf den

---

[117] Vgl. Asum/Kerth, Die besten Strategietools in der Praxis, 2008, S. 9 ff.

Lebenszyklus bezieht. Folglich steigt das Wachstum auf dem Produkt-Markt-Segment proportional zum Lebenszyklus. Die dritte Hypothese beschreibt, dass das Umsatzwachstum vom Kapitalbedarf abhängig ist. Die Matrix besitzt eine externe und eine interne Achse. Die externe Achse spiegelt das Marktwachstum wieder, wobei dieses vom Unternehmen nicht beeinflusst werden kann. Die interne Achse zeigt den relativen Marktanteil des jeweiligen Geschäftsbereichs, welcher vom Unternehmen beeinflusst werden kann. Die BCG-Matrix weist auch noch eine dritte Dimension auf, die die Leistung der einzelnen Geschäftseinheiten in Form von Kreisen gemessen am Umsatz beschreibt. Je größer der Durchmesser des Kreises, desto größer ist auch der Umsatz des Geschäftsbereichs. Die vier Felder der Matrix gliedern sich in Fragezeichen („Question Marks"), Sterne („Stars"), Melkkühe („Cash Cows") sowie Arme Hunde („Poor Dogs"), wie die nachfolgende Abbildung aufzeigt.

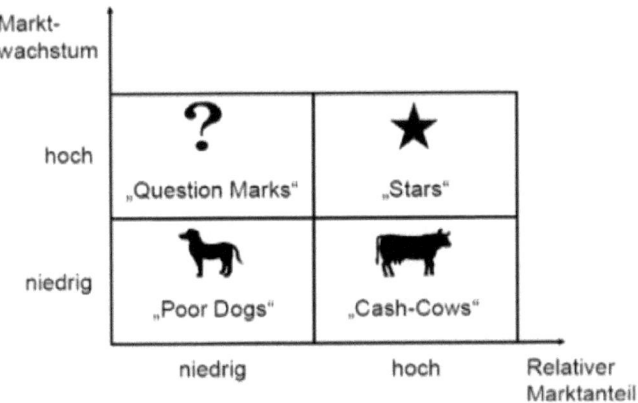

Abbildung 8: BCG-Matrix[118]

Die Fragezeichen der BCG-Matrix weisen ein hohes Marktwachstum, jedoch wenig Marktanteil in Relation zu den Wettbewerbern auf. In ihnen steckt das Potenzial des Unternehmens, obwohl in der aktuellen Situation noch Verluste aufgrund negativer Deckungsbeiträge verzeichnet werden. Um sie erfolgreich zu machen, muss ein enormer Marketingaufwand betrieben werden, weshalb auch ein erhöhter Kapitalbedarf von Nöten ist.

---

[118] Vgl. Prof. Dr. Erdenberger, Bilanzanalyse, unter: https://econ.ubbcluj.ro/~vlad.botos/financialanalysis/2011/resources/Skript%20AnwendungBilanzanalyse.pdf

Auch die „Stars" besitzen ein großes Marktwachstumspotenzial und befinden sich zudem noch in einer starken Wettbewerbsposition, da sie Marktführer sind. Sie generieren hohe Deckungsbeiträge sowie Gewinne und haben einen hohen Kapitalbedarf, um die Marktführerposition halten zu können.

Die „Cash Cows" erzeugen hingegen viel Kapital und dienen damit als Unternehmensstütze. Sie weisen einen hohen Marktanteil aufgrund einer besonderen Wettbewerbsstärke auf und generieren diesbezüglich hohe Deckungsbeiträge und Gewinne. Das Marktwachstum der „Cash Cows" ist eher niedrig, da der Markt für den Geschäftsbereich stagniert bzw. rückläufig ist.

Den bedenklichsten Bereich der BCG-Matrix stellen die „Poor Dogs" dar, da sie eine schwache Wettbewerbsposition und zudem wenig Marktanteil besitzen. Sie befinden sich in einem unattraktiven Produkt-Markt-Segment und generieren kaum Kapital, deshalb gilt es für ein Unternehmen, diese auszumerzen. Durch die Marktwachstum-Marktanteils-Portfolioanalyse kann somit festgestellt werden, ob ein Geschäftsbereich des Unternehmens Kapital benötigt oder dieses generiert.[119]

4.3 SWOT-Analyse

Die SWOT-Analyse ist auf die Generierung von strategischen Optionen ausgerichtet. Die Analyse berücksichtigt interne und externe Gegebenheiten und gliedert sich deshalb in eine Unternehmens- und eine Umweltanalyse. Die Unternehmensanalyse zeigt die internen Gegebenheiten einer Gesellschaft, d. h. deren Stärken („Strenghts") und Schwächen („Weaknesses"). Die Umfeld- bzw. Marktanalyse bezieht dagegen die externe Stellung und befasst sich daher mit den Chancen („Opportunities") und Risiken („Threats") eines Unternehmens. Die Stärken eines Unternehmens stellen einen Vorteil gegenüber Wettbewerber dar, wie beispielsweise innovative Produkte, geringe fixe Kosten oder technisches Know-how. Demgegenüber zeigen die Schwächen die Nachteile im Vergleich zu Konkurrenten auf, wie z. B. kein eigener Vertrieb oder eine geringe finanzielle Kraft der Gesellschaft. Die Chancen stehen für mögliche Potenziale im unternehmerischen Umfeld, wie Trends oder technologische Entwicklungen, während die Risiken Gefahren darstellen, die das Unternehmen schwächen können. Mögliche Risiken können gesetzlichen Veränderungen oder ein Einstieg eines neuen Konkurrenten sein.

---

[119] Asum/Kerth, 2008, S. 76 ff.

Strategische Jahresabschlussanalyse

SWOT	Interne Analyse	
	Stärken	Schwächen
Chancen (Externe Analyse)	Aus welchen Stärken ergeben sich neue Chancen?	Schwächen eliminieren um neue Chancen zu nutzen
Risiken	Welche Stärken minimieren Risiken?	Verteidigungsstrategien damit Schwächen nicht zu Risiken werden

Abbildung 9: SWOT-Analyse[120]

Wurden Stärken und Schwächen sowie Chancen und Risiken erörtert, ist die SWOT-Analyse darauf ausgerichtet, Zusammenhänge und Strategien zwischen den einzelnen Bereichen zu knüpfen. Es können vier Strategien abgeleitet werden, wie die obige Matrix aufzeigt. Die SO-("Strengths-Opportunities")Strategie zielt darauf ab, dass die Stärken des Unternehmens eingesetzt werden, um Chancen wahrzunehmen. Durch die WO-("Weaknesses and Opportunities")Strategie wird versucht, die eigenen Schwächen abzubauen, um mögliche Chancen zu nutzen. Werden Stärken mit Risiken verknüpft, ergibt sich die ST-("Strenghts and Threats")Strategie, die darauf ausgerichtet ist, Umweltrisiken durch eigene Stärken abzuschwächen. Mithilfe der WT-("Weaknesses-Threats")Strategie versucht das Unternehmen, eigene Schwächen abzubauen, um externe Risiken zu lindern. Grundlegend kann ein Unternehmen mittels SWOT-Analyse strategisch planen, wie es Ressourcen und Budget richtig einsetzt, mögliche Projekte generiert sowie Maßnahmen gegen Schwächen und Risiken ergreift.[121]

4.4 Auswirkung der strategischen Jahresabschlussanalyse auf Anlageentscheidungen

Für den potenziellen Kapitalanleger ist natürlich nicht nur die aktuelle Situation des Unternehmens wichtig, sondern auch die zukünftigen Erfolge sowie die

---

[120] Vgl. Warkentin, N., SWOT-Analyse erstellen: Anleitung, Beispiel, Vorlagen, unter: https://karrierebibel.de/swot-analyse/
[121] Vgl. Asum/Kerth, 2008, S. 225 ff.

zukünftige Liquiditätssituation und somit das Erfolgspotenzial der Gesellschaft. Die Informationen, die der Investor durch die strategische Analyse erhält, sind im Gegensatz zu den vorherigen Jahresabschlussanalysebereichen qualitativer statt quantitativer Natur. Durch die strategische Planung versucht das Unternehmen Wettbewerbsvorteile zu schaffen, um verbesserte Umsatzrenditen und Umschlagskennzahlen zu generieren, daher sollte auch der Kapitalanleger das Unternehmen strategisch analysieren. Für ihn kann es beispielsweise von Bedeutung sein, in welcher Phase des Lebenszyklus sich die Gesellschaft befindet. Befindet sich das Unternehmen in der Wachstumsphase ist das Investment am sinnvollsten. Der Investor wird hingegen in der Rückgangsphase eines Unternehmens kein Kapital investieren, da das Unternehmen hier kaum Umsatz generiert und somit auch keine Rendite für den Anleger entsteht, deshalb kann die Betrachtung der Lebenszyklusanalyse wichtig für eine Anlageentscheidung sein. Des Weiteren kann der potenzielle Investor mithilfe der BCG-Matrix erschließen, wie viele kapitalbedürftige und kapitalerzeugende Geschäftsbereiche das Unternehmen aufweist. Besitzt die analysierte Gesellschaft viele „Poor Dogs", ist ein Investment in das Unternehmen nicht sinnvoll, da wenig Kapital durch die Geschäftseinheiten erzeugt wird. Kann die Gesellschaft jedoch mehrere „Question Marks" und „Stars" aufweisen, lohnt sich ein Investment in das Unternehmen. Einen zusätzlichen Gewinn für die Anlageentscheidung kann die SWOT-Analyse bringen, da dem Investor damit die Stärken und Schwächen sowie Chancen und Risiken des Unternehmens aufgezeigt werden. Verfügt das Unternehmen über besondere Stärken, wie innovative Produkte, kann dies ein Indikator für die Kapitalanlage eines Investors sein. Der Kapitalgeber wird bei überwiegenden Schwächen und Risiken der Gesellschaft höchstwahrscheinlich in einen Konkurrenten investieren, der vermehrt Stärken und Chancen aufweist.

5 Relevanz der Jahresabschlussanalyse als Ganzes

Grundlegend besitzt die Jahresabschlussanalyse die Aufgabe, den einzelnen Adressaten Informationen zu vermitteln. Die Adressaten können Anteilseigner, Gläubiger, wie Banken und Lieferanten, Arbeitnehmer sowie die allgemeine Öffentlichkeit sein. Welches der erörterten Instrumente der Jahresabschlussanalyse angewendet wird, kommt auf die Zweckausrichtung an, jedoch gibt es handelsrechtlich dazu keine detaillierte Zielformulierung. Primär wird im Handelsrecht, wie bereits erwähnt, nur vorgeschrieben, dass der Jahresabschluss „unter Beachtung der Grundsätze ordnungsmäßiger Buchführung ein den tatsächlichen Verhältnissen entsprechendes Bild der Vermögens-, Finanz- und Ertragslage der Kapitalgesellschaft"[122] zu vermitteln hat. Damit soll ausgedrückt werden, wie erfolgreich ein Unternehmen gewirtschaftet hat, d. h. in welchem Grad die Ziele des Unternehmens erreicht wurden. Die Erfolgs- und Vermögensmessung der jeweiligen Adressaten ist aber nicht gleich, weshalb der Erfolg bzw. das Vermögen von jeder Interessengruppe unterschiedlich interpretiert wird. So haben beispielsweise Banken andere Erfolgserwartungen als Kapitaleigner. Für ein Unternehmen ist es jedoch nicht möglich, für jeden Interessenten eine neue auf seine Erfolgsziele ausgerichtete Rechnung zu erstellen. Zudem ist der Jahresabschluss ein Bestandteil der Rechtsordnung und hat somit Konflikte zwischen Interessensgruppen zu schlichten, so hat der Vorstand beispielsweise die sofortige Pflicht, eine Hauptversammlung einzuberufen, sollte ein möglicher Verlust die Hälfte des Grundkapitals übersteigen, was im § 92 Abs. 1 Aktiengesetz geregelt ist. Um Interessenskonflikte und Rechtsfolgen durch den Jahresabschluss zu vermeiden, sollte dieser ausschließlich objektiv nachprüfbare Informationen enthalten und diese möglichst vergangenheitsorientiert (Objektivierungsgrundsatz), da das Unternehmen zukunftsorientiere Informationen stark beeinflussen kann. Aufgrund des starken finanziellen Interesses der Adressaten muss das Unternehmen mithilfe des Jahresabschlusses eine periodengerechte Erfolgsermittlung sowie den Wertbestand am Ende jeder Periode gewährleisten. Demzufolge bekommt der Adressat Auskunft darüber, ob das Ziel seiner Beteiligung erfüllt bzw. misslungen ist. Des Weiteren dient die Jahresabschlussanalyse der Gewinnermittlung bei Aktiengesellschaften, die als Bemessungsgrundlage von Dividenden- und Erfolgsbeteiligungen heranzuziehen ist. Dies ist von immenser Bedeutung, da im deutschen Handelsrecht die Wahrung des

---

[122] Vgl. § 264 Abs. 2 HGB, unter: https://www.gesetze-im-internet.de/hgb/__264.html

Gläubigerschutzes gilt, welcher aufgrund der üblichen Unternehmensfinanzierung durch Banken entstanden ist. Um den Gläubigerschutz zu wahren, sind die Ausschüttungsbeträge auf die Aktionäre limitiert, damit das Mindesthaftungsvermögen eines Unternehmens gesichert ist. Dazu finden sich vor allem Ausschüttungssperrvorschriften im § 268 des Handelsgesetzbuches sowie in den §§ 57 und 58 des Aktiengesetzes.[123]

Abschließend ist von großer Bedeutung, dass alle dem Jahresabschluss entnommenen Informationen auf Basis der Unternehmensfortführung („going concern-Prinzp") in der nächsten Periode gebildet werden.[124]

---

[123] Vgl. Coenenberg, 2016, S. 17 ff.
[124] Vgl. § 252 Abs. 1 Nr. 2 HGB, unter: https://www.gesetze-im-internet.de/hgb/__252.html

Literaturverzeichnis

ARORA, D.; KRAUSE, H.-U.: Controlling-Kennzahlen. Key Performance Indicators. München. 2008

ASUM, H.; KERTH, K.: Die besten Strategietools in der Praxis. 3., erweiterte Auflage. München. 2008

Bundesministerium für Justiz und Verbraucherschutz: Handelsgesetzbuch. veröffentlicht im Internet, URL: https://www.gesetze-im-internet.de/hgb/index.html (abgerufen am 10.01.2019)

BRÖSEL, G.: Bilanzanalyse. Unternehmensbeurteilung auf der Basis von HGB- und IFRS-Abschlüssen. 15., neu bearbeitete Auflage. Berlin. 2014

COENENBERG, A.; HALLER, A.; SCHULTZE, W.: Jahresabschluss und Jahresabschlussanalyse. Betriebswirtschaftliche, handelsrechtliche, steuerrechtliche und internationale Grundlagen – HGB, IAS/IFRS, US-GAAP, DRS. 24. Auflage. Stuttgart. 2016

COENENBERG, A.; HALLER, A.; SCHULTZE, W.: Jahresabschluss und Jahresabschlussanalyse. Aufgaben und Lösungen. 13., überarbeitete Auflage. Stuttgart. 2009

Deutscher Rechnungslegungsstandard Nr. 21 (DRS 21). 2014. veröffentlicht im Internet, URL: https://www.drsc.de/app/uploads/2017/02/140219_DRS_21_near-final.pdf (Stand: 04.2014, abgerufen am 16.12.2018)

Die Alpha Star Fonds: Wertschöpfungsanalyse - Analyse der Ertragskraft. veröffentlicht im Internet, URL: https://www.alpha-star-aktienfonds.de/wissen/wertschoepfungsanalyse/ (abgerufen am 12.01.2019)

ERDENBERGER, C.: Bilanzanalyse. Modul Finanzanalyse. 2012. veröffentlich im Internet, URL: https://econ.ubbcluj.ro/~vlad.botos/financialanalysis/2011/resources/Skript%20AnwendungBilanzanalyse.pdf (Stand: 01.2012, abgerufen am 20.01.2019)

FLEIG, J.: Investitionsrechnung und Methoden zur Bewertung. Break-Even-Analyse – Berechnung und Beispiele. 2017. veröffentlicht im Internet, URL: https://www.business-wissen.de/hb/break-even-analyse-berechnung-und-beispiele/ (Stand: 14.02.2017, abgerufen am 15.01.2019)

GRAUMANN, M: Controlling. 4. Auflage. Herne. 2014

Hans-Böckler-Stiftung: Bilanzpolitik und Jahresabschlussanalyse. Jahresabschluss und Jahresabschlussanalyse: Informationen für Aufsichtsräte und Betriebsräte. 2010. veröffentlicht im Internet, URL: https://www.boeckler.de/pdf/mbf_bilanzpolitik_ja-analyse_gesamt.pdf (abgerufen am 20.12.2018)

HEINRICH, D.: Beispiel einer Kapitalflussrechnung - Aussagefähigkeit. 2002. veröffentlicht im Internet, URL: https://rsw.beck.de/cms/?toc=BC.980&docid=81762 (Stand: 12.2002, abgerufen am 10.12.2018)

HELDT, C.: Aktienrendite. veröffentlicht im Internet, URL: https://wirtschaftslexikon.gabler.de/definition/aktienrendite-29952 (abgerufen am 28.12.2018)

HUCHZERMEIER, D.: Finanzwirtschaftliche Analyse des Schering Konzerns. Studienarbeit. GRIN-Verlag. 2004

ifb - Institut zur Fortbildung von Betriebsräten KG: Kapitalumschlag. veröffentlicht im Internet, URL: https://www.ifb.de/betriebsrat/service/lexikon/kapitalumschlag (abgerufen am 06.01.2019)

JANKOWIAK, S.: Kennzahlen-Systeme. 2018. veröffentlicht im Internet, URL: https://www.controllingportal.de/Fachinfo/Kennzahlen/Kennzahlen-Systeme.html (Stand: 20.04.2018, abgerufen am 06.11.2018)

KAMPS, U.: Diskriminanzanalyse. veröffentlicht im Internet, URL: https://wirtschaftslexikon.gabler.de/definition/diskriminanzanalyse-28211 (abgerufen am 20.11.2018)

KÜTING, W.; WEBER, C.-P.: Die Bilanzanalyse. Beurteilung von Abschlüssen nach HGB und IFRS. 9. Auflage. Stuttgart. 2009

LEFFSON, U.; RÜCKLE, D.; GROßFELD, B.: Handwörterbuch unbestimmter Rechtsbegriffe im Bilanzrecht des HGB. Köln. 1986

NGUYEN, H.: Financial Leverage Index. veröffentlicht im Internet, URL: https://wealthyeducation.com/financial-leverage-index/ (abgerufen am 04.12.2018)

NORMANN, T.: Die klassische Bilanzanalyse – Teil 3. in: Betriebswirtschaft im Blickpunkt. Ausgabe 09/2010. S. 242

o.A.: Anlagenintensität. veröffentlicht im Internet, URL: https://welt-der-bwl.de/Anlagenintensit%C3%A4t (abgerufen am 26.11.2018)

o.A.: Bilanzanalyse, veröffentlicht im Internet, URL: http://www.daswirtschaftslexikon.com/d/bilanzanalyse/bilanzanalyse.htm (abgerufen am 28.11.2018)

o.A.: Bilanzkurs (BK), veröffentlicht im Internet, URL: http://www.wirtschaftslexikon24.com/d/bilanzkurs-bk/bilanzkurs-bk.htm (Stand: 2018, abgerufen am 22.12.2018)

o.A.: Eigenkapitalquote. veröffentlicht im Internet, URL: https://welt-der-bwl.de/Eigenkapitalquote (abgerufen am 01.11.2018)

o.A.: Kennzahlenarten. veröffentlicht im Internet, URL: http://www.wirtschaftslexikon24.com/d/kennzahlenarten/kennzahlenarten.htm (abgerufen am 06.11.2018)

PELLENS, B.: Der Informationswert von Konzernabschlüssen. Wiesbaden. 1989

sykasoft.: SHK-Betriebe: keine Angst vor Basel II. veröffentlicht im Internet, URL: https://www.sykasoft.de/basel2.htm (abgerufen am 01.11.2018)

WARKENTIN, N.: SWOT-Analyse erstellen: Anleitung, Beispiele, Vorlagen. 2017. veröffentlicht im Internet, URL: https://karrierebibel.de/swot-analyse/ (Stand: 10.05.2017, abgerufen am 02.12.2018)

WELGE, M. K.; AL-LAHAM, A.: Strategisches Management. Grundlagen - Prozess - Implementierung. 6. Auflage. Wiesbaden. 2011

WÖLTJE, J: Jahresabschluss. Schritt für Schritt. 2. Auflage. Konstanz. 2015

ZÜLCH, H.; HÖLTKEN, M.: Das Other Comprehensive Income - Eine vielfach unbeachtete und wenig vergleichbare Größe auf dem deutschen Kapitalmarkt. 2015. veröffentlicht im Internet, URL: https://kapitalmarkt-forschung.info/das-other-comprehensive-income-eine-vielfach-unbeachtete-und-wenig-vergleich-bare-groesse-auf-dem-deutschen-kapitalmarkt/ (Stand: 10.2015, abgerufen am 18.12.2018)